Michaela Kronshage · Sylvia Schwartz

Bewegliche Bilder – bewegte Sprache

Arbeitsmaterial aus den Waldorfkindergärten

25

Herausgegeben von der

Internationalen Vereinigung der Waldorfkindergärten

Michaela Kronshage · Sylvia Schwartz

Bewegliche Bilder – bewegte Sprache

Verlag Freies Geistesleben

2. Auflage 2016

Verlag Freies Geistesleben
Landhausstraße 82, 70190 Stuttgart
www.geistesleben.com

ISBN 978-3-7725-2325-0

Fotos: Vincent Kronshage
Druck: Westermann Druck, Zwickau
Printed in Germany

Über die Autorinnen

Michaela Kronshage: Geboren 1954 in Bochum, verheiratet, zwei erwachsene Kinder, seit 1974 als Erzieherin im Waldorfkindergarten Bochum e.V. tätig, seit 1997 als freigestellte Leiterin in dieser Einrichtung. 1995–1997 Fortbildung Biografiearbeit. Seit 1974 intensive Beschäftigung mit kreativer Fotografie. Schwerpunkt Dokumentation von Reisen, dem Leben von Kindern und den «Kleinigkeiten am Wege». 2003–2005 Fotoausstellungen «Ent-deckungen».

Im Verlag Freies Geistesleben: *Laternenzeit, Mit farbigen Transparenten durch das Jahr* (zusammen mit *Sylvia Schwartz*).

Sylvia Schwartz: 1957 in Bochum geboren und aufgewachsen. Nach zwölfjähriger Waldorfschulzeit Ausbildung zur Erzieherin. Verheiratet. Eine erwachsene Tochter, ein erwachsener Sohn. Seit vielen Jahren als Erzieherin im Waldorfkindergarten tätig. Vielfältige Beschäftigung mit Malerei, Glasmalerei und Arbeiten in Stein.

Inhalt

Quellenangaben:

Die Hasenmutter, Der Osterhase, Die Mäuslein, Das Fischlein Silberschnee, Das Eichhörnchen und **Die Wichtel von Hedwig Diestel aus** *Verse zur Eurythmie für Kinder*, Verlag Die Pforte, Basel 1973. – **Die Schnecken von Hedwig Diestel aus** *Rhythmen und Reime*, Verlag Freies Geistesleben, Stuttgart 2000. – **Der Vogel,** in Anlehnung an Marianne Garff, aus *Rhythmen und Reime*, Verlag Freies Geistesleben, Stuttgart 2000. – **Zwei Heinzelmännchen, Verfasser unbekannt, aus** *Rhythmen und Reime*, Verlag Freies Geistesleben, Stuttgart 2000. – **Im Wald**, von Hedwig Diestel, aus *Willkommen aus dem Mondenland*, Novalis Verlag, Freiburg 1957. – **Ein kleiner Zwerg, Ein kleines Mädchen** und **Der Spatz** von Elfriede Pausewang aus *Die Unzertrennlichen*, Band 1, Don Bosco Verlag, München 1987.

Einleitung

Dieses Buch ist aus dem langjährigen Leben mit Kindern entstanden und soll dazu dienen, Kinder durch bewegliche Bilder und diese begleitende Verse in Bezug auf ihre Sprachfähigkeit zu stärken.

Normalerweise braucht das Sprechenlernen nicht geübt zu werden, da es unmittelbar in den alltäglichen Lebenszusammenhängen vom Kind aufgenommen wird. Zunehmend werden aber die Sprachwerkzeuge unserer heutigen Generation träge, brauchen Unterstützung und müssen gestärkt werden.

Eine Möglichkeit, unterstützend tätig zu werden, ist die Beschäftigung mit den «beweglichen» Bildern, in Begleitung von einfachen, rhythmischen und wohlklingenden Versen.

Das erfordert ein wenig Zeit, die, räumt man sie sich ein, allen Beteiligten gut tut.

Gemeinsam zusammen zu sitzen, mit Spaß und Freude bei den beweglichen Bildern zu verweilen, ermöglicht eine Atmosphäre, die sehr förderlich ist. Nicht nur die Sprache, sondern auch Beziehungen können so gepflegt werden.

Beim gemeinsamen, aufmerksamen Betrachten der Bilder, dem Sprechen und dem Zuhören werden vertraute Gegenstände entdeckt, das Kind kann sich innerlich orientieren und sich auch eigene Vorstellungen bilden. Durch das Sprechen der kleinen Verse umhüllt der Sprachklang das Kind. Die Nähe, die intensive Zuwendung, das Miteinander tun gut. Von dieser Geborgenheit aus kann das Kind in Ruhe zuhören lernen. Diese individuelle Zuwendung ist besonders für zurückhaltende Kinder sehr wichtig.

Wir haben Bilder hergestellt, deren Inhalte in Form und Farbe klar und eindeutig gestaltet sind. Auch die Sprache, in Form von kleinen rhythmischen Versen, ist einfach und wohlklingend, so dass die Freude am Sprachklang geweckt werden kann. Wenn der Erwachsene deutlich, langsam und beseelt vor dem Kind spricht, können die beweglichen Bilder zum eigenen Handeln auffordern.

Das Kind wird durch diese Art vom reinen Beschauen hin zum Tätigwerden, zum Handeln geführt. Dies wirkt belebend auf das Kind. Denn Sprache und Bewegung gehören zusammen.

Durch langsame und deutliche Aussprache der kleinen Verse werden die Freude am Sprachklang und die eigenen Ausdrucksmöglichkeiten angeregt und gleichzeitig im Tun unterstützt.

Durch das Anschauen und durch das eigene Tun wird die Sprache des Kindes angeregt, die Sprache kommt der Freude am Lautlichen entgegen.

Der schöne rhythmische Klang regt zum Führen der Figuren an. Das Kind hört sich in den Sprachklang ein und spricht dann langsam mit. Durch die Wiederholung wird es in der Sprache und in der Bewegung immer sicherer.

Der gesprochene Vers bringt den direkten Impuls in die Hand. Der Betrachter wird nun selber zum Akteur, er begleitet das Sprechen mit seinem eigenen Tun. Das Bild wird zur Handlungsfläche, zum Spielgegenstand, Bewegungen und Handlungen werden selbst miterlebt.

Das Kind entwickelt dadurch seine ihm innewohnenden Kräfte und schafft sich so auch seine eigene Vorstellungswelt.

Die Bewegungsabläufe schaffen Sinnzusammenhänge, und diese wiederum wirken sich positiv auf die sich langsam entwickelnde Vorstellungsbildung aus.

Da die Sprach- und Denkbewegungen hiermit angeregt werden, ist dies zudem eine gesunde Grundlage auch für das spätere Lesenlernen.

Die geordnete Bewegung der Hände durch das Führen der Figuren erfordert Behutsamkeit und Sorgfalt, das wirkt wiederum auf die Feinmotorik anregend.

Phantasie und Kreativität werden angeregt dadurch, dass das Kind mit der Zeit eigene Geschichten dazu erfindet.

Das Wahrgenommene kann umgewandelt werden, dadurch kommt das Kind ins eigene Tun und stellt sich somit kommunizierend in seine Umwelt.

Es kann diese Geschichten erweitern, selber erzählen und selbstständig eigene Bilder herstellen.

Selbst die unruhigsten Kinder werden dadurch eingefangen, ordnen sich dem Vorgang ein und können hierdurch zur Ruhe kommen.

In diesem Buch möchten wir besonders Eltern, aber auch Erzieherinnen und Erziehern Mut machen, Bilder mit beweglichen Figuren selber herzustellen.

Versuche können zu eigenen Ideen führen, aus diesen kann für den individuellen Gebrauch dann etwas ganz Eigenes, Neues und Persönliches für das eigene Kind entstehen.

Solche Geschenke werden in der Regel noch lange gepflegt und in Ehren gehalten und haben eine besondere Wirkung, weil der persönliche Einsatz des Erwachsenen für das Kind besonders stark wahrgenommen wird.

Eines ist ganz sicher: Die intensive Zuwendung, das gemeinsame Tun von Eltern und Kindern stärkt die Beziehung, worauf dann alles Weitere einfacher aufzubauen ist, selbstverständlich auch die Sprache.

Jeder kann diese Bilder weiterentwickeln und dann zum Beispiel auch zu einem Buch zusammenfassen.

Wir freuen uns, wenn dieses Buch Sie dazu anregt, selber bewegliche Bilder zu gestalten, sei es für die eigenen Kinder, für die Kindergartengruppe, für Schulkinder oder als kleine Geschenke.

Fangen Sie einfach an. Wir wünschen viel Freude!

Die Eigenaktivität der Kinder stärken

Wenn die Kinder in den Kindergarten kommen, liegen auf dem Maltisch immer genügend Papier und Wachsmalblöcke. (Stifte, Klebstoff und Scheren sind bei Bedarf in erreichbarer Nähe.)

Einige Kinder setzen sich am Morgen gerne dorthin und beginnen ganz ohne Aufforderung mit einem «Morgenbild».

Von hier aus können sie «ankommen», den Tag beginnen, das Geschehen im Raum gut beobachten und haben am Tisch einen sicheren Platz.

Wenn auch der Erwachsene sich an diesem Platz aufhält und selber etwas malt oder herstellt, sind die Kinder glücklich und beginnen noch lieber mit ihrem Werk. Es ist wohltuend, wenn der Erwachsene an «seinem Platz» ist, in der Nähe ist, besonders für die jüngeren Kinder. Das bringt Ruhe, Geborgenheit, Verlässlichkeit, was wiederum auf die ganze Gruppe ausstrahlt.

Es ist schön zu beobachten, wie unterschiedlich, wie individuell die Kinder ins Tun kommen.

Einige versuchen, dem Erwachsenen nachzutun, gleichzutun, ihn zu kopieren, andere Kinder machen daraus wieder etwas ganz Neues.

Der Eigen-Sinn kommt somit in schöpferisches Tun, die wohlwollend-akzeptierende Grundstimmung trägt unterstützend dazu bei, dass Selbstbildungsprozesse stattfinden können.

Zu Beginn des neuen Jahres singen wir über einen längeren Zeitraum die Lieder zum Dreikönigsfest. Auch schlüpfen die Kinder in die Rollen der Heiligen Drei Könige, verkleiden sich und laden auch die Eltern, Großeltern und Freunde ein, um sie daran teilhaben zu lassen.

Die Kinder leben sehr intensiv in der Stimmung, und so kommt es in dieser Zeit auch vor, dass Bilder, ohne Aufforderung des Erwachsenen, mit solchen Motiven am Maltisch entstehen. So entstand auch das Bild auf Seite 11.

Ein Erwachsener saß am Maltisch und gestaltete eine Einladung zum Dreikönigsfest für die Eltern. Wie immer stand genügend Material zur Verfügung, und so griff ein fünfjähriger Junge das Motiv des Erwachsenen auf, malte auch drei Könige und fragte dann, ob die Könige nicht «in echt» auf dem Papier laufen könnten.

Der Erwachsene zeigte ihm, wie durch Einschneiden des Papiers und das Ausschneiden der drei Könige ein einfaches bewegliches Bild entstehen kann. Dem Jungen war der Stolz auf diese Entdeckung anzumerken. Er beschäftigte sich noch lange mit seinen laufenden Königen, sang immer

immer wieder die Lieder dazu und erzählte selber kleine Geschichten, die ihm durch das Tun in den Sinn kamen.

Ein weiteres Bild entstand in der Laternenzeit. Die Kinder hatten gerade den Laternenumzug erlebt. Eltern und Geschwister waren dazu eingeladen. Es gab auch ein Feuer in der Dunkelheit, um welches sich alle versammelten, Laternenlieder sangen und Mondenhörnchen miteinander teilten.

Am nächsten Tag setzte sich ein fünfjähriges Mädchen an den Maltisch und malte sich mit einer Laterne in der Hand. Als sie sah, dass ich es ihr gleichtat, dann aber die Figuren ausschnitt und sie über das Bild laufen ließ, bekam sie Freude daran und fing auch an, ihre Figuren auszuschneiden. Anschließend ließen wir beide unsere Figuren auf dem Blatt «Laterne gehen» und sangen dazu immer wieder die Laternenlieder. Andere Kinder wurden davon angeregt und malten auch ein bewegliches Bild (Seite 12).

Ein sechsjähriges Mädchen sagte: »Ich male mir mein Zauberpferd» und tat dies auch. Anschließend schnitt sie es aus, merkte, dass der Führungsstab zu kurz war, und klebte und schnitt so lange, bis alles zueinander passte. Sie hatte ihr eigenes Bild (Seite 14) hergestellt und war mächtig stolz darauf. Mit dem Lied «Hopp, hopp, hopp, Pferdchen lauf Galopp» beschäftigte sie sich noch eine ganze Weile.

Zusammenfassend sei noch einmal gesagt, dass das vorliegende Arbeitsbuch Anregungen für den Erwachsenen geben möchte, sich mit dem Thema Sprache und Bewegung immer wieder auseinander zu setzen und wieder Freude am eigenen Gestalten zu bekommen. Für die Kinder steht hinsichtlich des Malens immer das freilassende Tun im Vordergrund.

So können zu anderen Liedern und Sprüchen weitere Bilder entwickelt werden, ganz individuell und nach Bedarf.

Eckhard Schiffer schreibt: » Wird das Bild gesehen, so wird auch das Kind gesehen und in seiner Identität wahrgenommen. Es kann aber nur die Identität des Kindes sein, wenn in dessen schöpferischer Eigendarstellung sich auch die Absicht und die Kompetenz des Kindes widerspiegeln und sie nicht durch Schablonen prä- oder deformiert worden sind. Eine eigene sichere Identität bildet sich also nicht aus Schablonen, sondern in der schöpferischen Darstellung meines Eigen-Sinns.» (Aus: «Lernen durch Kunst», Verlag Freies Geistesleben, Stuttgart 2005)

Über das Sprachvermögen

Der Grundträger jeder menschlichen Kultur ist die Sprache. Sie ermöglicht uns Empfindungen und Gefühlszustände zum Ausdruck zu bringen, Gedanken zu bewegen, miteinander umzugehen, verstanden zu werden.

Durch die Sprache kann die Verbindung, der Kontakt zu anderen Menschen geknüpft werden, wir gelangen somit in einen seelisch-geistigen Austausch und erschließen uns im Dialog die Welt. Sich am gesellschaftlichen Leben über die Sprache aktiv beteiligen zu können, bedeutet Lebensqualität.

Die Sprache bedarf der frühen und sorgfältigen Pflege. Sprechen lernt das Kind am sprechenden Erwachsenen, der seinerseits durch sein Vorbild gegenüber dem Kinde wirkt.

Zunächst leben die Kinder im nachschöpferischen Vollzug. Die Gedankeninhalte, die durch Laute und Worte vermittelt werden, können zunächst noch nicht direkt erfasst werden.

Das Erleben von Sinnzusammenhängen verinnerlicht sich in drei Schritten:

- Zuerst wird es im Handlungsvollzug erfasst, unwillkürlich nachgeahmt und dadurch «verstanden».
- Dann wird der Sinn des benennenden und Zusammenhänge schaffenden Wortes erfasst.
- Zuletzt taucht die Fähigkeit direkter innerer Einsichtnahme auf.

Beginnt ein Kind zu sprechen, so beginnt gleichzeitig ein neuer Schritt in der Entwicklung hin zum Denken.

Der Erwerb und die Ausbildung von Sprachkompetenz hängen also stark mit der Persönlichkeitsentwicklung des Kindes zusammen und mit dem Umfeld, in dem es aufwächst.

Bei immer mehr Kindern bleibt die Sprachfähigkeit hinter dem Alter der Kinder zurück. Experten sagen, dass heute jedes vierte Kind ernst zu nehmende Defizite beim Sprechen aufweist.

Zugleich nehmen wir als Erzieher im motorischen und im sensorischen Bereich der Kinder einen Entwicklungsrückstand wahr, was später in der Schule zu ernsthaften Problemen führen kann, wenn nicht therapeutischer Beistand geleistet wird.

Wird die Sprache nicht mehr beherrscht, verlieren wir einen wesentlichen Teil unserer Kultur. Deshalb ist es eine unserer wichtigsten Erziehungsaufgaben, die Kinder sprachgewandt zu machen.

Über die Sprache teilen sich dem Kinde zunächst Laute, Klänge und Worte mit, die erst allmählich Gedankeninhalte vermitteln.

Es erfasst die Gesinnung, die Stimmungen und Gefühle, die das Sprechen der Erwachsenen begleiten. Es spürt Nuancen wie Freude, Ernst, Kälte, Schärfe oder Gereiztheit in den Worten, diese werden in sein Fühlen aufgenommen.

Das heißt für uns Erwachsene, das bewusste Umgehen mit der eigenen Sprache als gutes Vorbild zu pflegen. Das heißt auch, immer in Handlungszusammenhängen zu sprechen, denn durch diesen Zusammenhang erfährt das Kind die Bedeutung dessen, was gesprochen wird.

Das tägliche Erzählen oder Vorlesen von Märchen und Geschichten verlangt von uns eine deutliche, bildreiche Sprache. Auch die nötige Zeit zum Zuhören gehört dazu.

Die Sprache, die das Kind aus seiner Umgebung aufnimmt, hat auf sein Gefühlsleben einen bedeutenden Einfluss. Durch eine reiche, wohlklingende Sprache wird das Kind in seiner seelischen Entwicklung gefördert. Durch eine verarmte, grobe Sprache wird es in seinem Fühlen nur wenig differenziert.

Aus psychologischen Untersuchungen weiß man, dass Kinder durch das Gespräch, Erzählen und Vorlesen in der Familie nicht nur zu einer differenzierten Sprache, sondern zu positiven sozialen Fähigkeiten kommen.

Durch das Fühlen, das sich an der Sprache ausgebildet hat, kann der Mensch dann auffassen, was er in der Begegnung mit anderen Menschen erfährt, er kann empfinden und innerlich verstehen, dass in den Äußerungen nicht nur begriffliche Aussage enthalten ist. So bildet und differenziert sich in den Kindern das Fühlen an den Worten der Sprache und an der Melodie der Sätze.

Wir können die Sprache hinsichtlich eines reichen Wortschatzes durch Fingerspiele, Reime, das Vorlesen und Erzählen von Geschichten und Märchen fördern. Alles, was den Kindern wohl in den Ohren klingt, weckt die Sprachfreude.

Durch diese Vielfalt kommen die Kinder auch mit unterschiedlichen Sprachstilen in Kontakt. Das regt sie zum Nachahmen an und gibt ihnen die Möglichkeit, wie selbstverständlich übend in eine Sprechkultur einzutauchen.

Durch Reime und Gedichte erleben sie, dass es auch andere Möglichkeiten gibt, sich auszudrücken. Laut-, Silben- und Wortspiele sowie Reime sind mit Rhythmen verbunden und den Kindern daher schnell zugänglich.

Bei Märchen und Erzählungen ist der Wortschatz besonders reichhaltig, und auch seltenere Worte werden gebraucht.

Beim Zuhören lernen sie den Aufbau einer Geschichte, die Variationsmöglichkeiten beim Satzbau und den Aufbau vollständiger Sätze kennen. Durch Wiederholungen dieser Elemente und Texte ermöglichen wir den Kindern den individuellen Zugang zu Sprache und Inhalt. So lernen sie die Geschichten dabei oft auswendig und können sie anderen Kindern vorspielen. Sie erlernen dabei spielend auch das Einbeziehen anderer, die Nutzung des Wortschatzes und das Ausdrücken von Gefühlen durch Worte und Gesten. Denn mit der Sprache werden natürlich auch Stimmungen übertragen, und die Wiederholungen ermöglichen auch das tiefe Eintauchen und Durchleben von Gefühlen wie Trauer, Aggression und Freude. Zusätzlich können die Kinder besonders bei Rollenspielen ausgiebig Sprechweisen imitieren und ausprobieren. Die Beweglichkeit des Sprachorgans wird dadurch angeregt.

Das Gespräch und die Unterhaltung haben jeweils einen anderen Stellenwert und einen anderen Sprachstil. Ein Gespräch ermöglicht es den Kindern, von dem selbst Erlebten, von Wünschen und Träumen zu erzählen. Das Einnehmen gemeinsamer Mahlzeiten ist zum Beispiel eine gute Gelegenheit für solch einen Austausch. Tischgespräche erleichtern auch den sonst zurückhaltenden Kindern sich zu äußern. Dabei werden Zuhören und Ausredenlassen erübt.

Die Sprachentwicklung steht auch im engen Zusammenhang mit der Bewegungsgeschicklichkeit.

Die verschiedensten Tätigkeiten und Aktivitäten regen den Sprachsinn an. Dazu gehören alle Bewegungen, die den Gleichgewichtssinn stimulieren, wie das Laufen auf Stelzen oder Ballspielen sowie alle künstlerischen und handwerklichen Tätigkeiten, phantasievolles Spielen, Bauen, Basteln, Malen und Kneten. Auch die täglichen Fingerspiele regen die Feinmotorik an und stimulieren das Gehirn. Bewegliches Denken und bewegliche Finger gehören zusammen.

Die Hirnforschung bestätigt uns, dass die intensiven motorischen Übungen zu verstärkten neuronalen Vernetzungen führen und die sprachlich erworbenen Strukturen die Grundlage für alles das bilden, was für das spätere Leben des Kindes an intellektuellen Leistungen vollbracht wird.

Was an altersspezifischer Sprachentwicklung versäumt wird, kann nie wieder ganz nachgeholt und ausgeglichen werden. Um den Kindern dahingehend Vorbildung und Unterstützung geben zu können, brauchen wir Zeit und Bereitschaft zum ruhigen Zuhören. Beim Erzählen von Ge-

medium zum Verstehen. Das Verstehen ist eine wichtige Voraussetzung für die gesamte Schul- und Studienzeit.

Das Erlernen des Sprechens macht den Menschen nicht nur auf der kognitiven Ebene zu einem kommunikativen Wesen. Es ist gerade auch für die soziale Dimension menschlicher Beziehungen von Bedeutung. Die gegenwärtige Überbetonung des Visuellen macht die Pflege der Sprache zu einer neuen pädagogischen Aufgabe, vor allem für die menschliche Entwicklung im Bereich der sozialen Fähigkeiten.

Durch das Sprechenlernen wird der Leib zum Instrument des Denkens.

Die Voraussetzung des Sprechenlernens ist die Aufrichtekraft, das Stehen- und Gehenkönnen.

Gerade in der heutigen Gesellschaft ist es wichtig, dass wir uns immer wieder bewusst machen, dass auch Gedanken eine starke Kraft in sich haben.

Schon im Talmud heißt es:

«Achte auf deine Gedanken,
denn sie werden Wörter,
achte auf deine Wörter,
denn sie werden Handlungen,
achte auf deine Handlungen,
denn sie werden Gewohnheiten,
achte auf deine Gewohnheiten,
denn sie werden dein Charakter,
achte auf deinen Charakter,
denn er wird dein Schicksal.»

Hier wird deutlich, dass Worte die konzentrierte Form eines Gedankens sind. Dadurch, dass das Wort wirkt, werden Wirklichkeiten geschaffen.

Die Ausdrucksweise der Menschen, die das Kind umgeben, ist Vorbild für die nächste Generation. Welche Vorbilder die Kinder wahrnehmen, entscheiden wir Erwachsene, wir sind dafür verantwortlich!

Vorbild und Nachahmung

In der Erziehung der ersten sieben Jahre sind Vorbild und Nachahmung intensiv miteinander verknüpft. Jedes kleine Kind möchte sich in dieser Zeit noch unbewusst an einem Vorbild orientieren, um in alles «Neue», was es umgibt, hineinwachsen zu können.

Wie oben bereits erwähnt, braucht das kleine Kind Bezugspersonen, die durch das Vor-Handeln, Vor-Denken und Vor-Sprechen ihm die Möglichkeit geben, ein gesundes Verhältnis zur Umwelt aufzubauen. Dazu gehören seitens des Erwachsenen die Freude am eigenen Tun, Authentizität und die ständige Selbsterziehung, denn Erziehung ist zugleich immer auch Selbsterziehung.

Dadurch, dass das kleine Kind für alles Interesse zeigt, was um es herum geschieht, und noch ganz offen, ganz «Sinnesorgan» ist, nimmt es über seine Sinne alles wahr, was ihm dargeboten wird. In dieser Zeit prägt sich alles Erlebte tief in seine Leibesorganisation ein. Das Kind lernt in diesen ersten Jahren alles aus der Kraft der Nachahmung.

Jedes Kind trifft aber eine individuelle Auswahl dessen, was ihm als nachahmenswert erscheint, es entscheidet sich somit frei, nach seinem ganz eigenen Interesse.

Alles kann es noch nicht durchschauen, aber über die Wiederholung kann es sich langsam in die Welt hineinleben, und nach und nach eröffnet sich somit der Sinn der Handlungsweisen. Im Bewusstsein der daraus deutlich werdenden Verantwortung können wir Erwachsenen durch Reflektion und Selbsterziehung nachahmenswerte Vorbilder werden.

Die Arbeit der Erwachsenen in Gegenwart der Kinder

Kinder fühlen sich wohl, wenn sie in einer Atmosphäre leben dürfen, wo sich der Erwachsene in ihrer Nähe in eigenen, sinnvollen Arbeitsprozessen befindet. Arbeiten im Haushalt, handwerkliches oder künstlerisches Tun zählen dazu.

Diese Tätigkeiten dienen als anregende Umgebung für das kleine Kind, wie wir im Kapitel über die Eigenaktivität bereits ausgeführt haben.

Die transparenten Zusammenhänge und die Beziehung des Menschen zu seiner Arbeit stellen die sinnvolle Umgebung dar, in der das Kind den Entwicklungsraum findet, in dem es sich frei, unbewusst selbstbestimmt bewegen darf. Der Lebensraum ist somit sein eigentlicher Lernraum.

Nicht in der Distanz zu den Ereignissen lernt das Kind, sondern in der Eingebundenheit in diese.

Bei der Herstellung von beweglichen Bildern gesellen sich sicher gerne Kinder dazu und wollen mittun.

Wenn wir ihnen daneben einen kleinen, eigenen Arbeitsbereich einrichten mit eigenem Klebstoff, Schere und verschiedenartigem Papier, können sie frei gestalten oder mithelfen, vielfältig ausprobieren, «studieren» und «Eigenes» herstellen (siehe dazu das Kapitel zur Eigenaktivität).

Die Phantasie der Kinder ist grenzenlos, wenn wir sie nicht reduzieren oder durch Vorlage von Schablonen sogar ausschalten.

Sie denken sich selber kleine Geschichten aus oder fügen Figuren hinzu. Manchmal reicht die Bildgröße gar nicht aus, um alle Figuren, die neu hinzugekommen sind, unterzubringen. Dann werden die Bilder in ihrer Form einfach verlängert und wieder verändert. Das, was momentan gebraucht wird, wird getan und weiterentwickelt.

So geschieht das Lernen ohne Grenzen, ohne Fremdbestimmung, durch Ausprobieren und Freude am eigenen Tun. Heiterkeit, Leichtigkeit und Freude am Leben sind fördernde Entwicklungsbedingungen, die wir den Kindern hiermit geben können.

Die kreative, spielerische Auseinandersetzung mit der Sprache aus der Bewegung heraus fördert auch die Freude an Büchern. Das Interesse an Büchern zu unterstützen ist besonders wichtig, bevor andere lockende und bequemere Medien Eingang in das Leben der Kinder finden, denn Lesen ist die Grundvoraussetzung auch für den späteren Umgang mit Medien.

Als Erzieherinnen sind wir uns bewusst, dass Ideen, wie sie in diesem Buch dargestellt werden, als Vorlagen dienen werden. Unser Wunsch und unser Ziel ist es aber, Ihnen als Eltern oder Erzieherinnen Mut zu machen, ins eigene Gestalten hineinzukommen.

Die Kinder selber verlangen nicht nach ausgestalteten Zeichnungen, sie erkennen und anerkennen viel eher als der Erwachsene die Urformen der Dinge und sind vor allem von Menschen angeregt, die selber tun und Freude daran haben, selber zu gestalten.

Die Herstellung der Bilder

Material und Zubehör

- Fotokarton
- Wachsmalstifte (Stockmar)
- Wachsmalblöcke (Stockmar)
- oder Öl-/Pastellkreiden (zum Beispiel Jaxon)
- Klebestift
- Schere
- Bleistift
- evtl. Pauspapier

Dieses Buch möchte Anregung sein und Mut machen, selbst bewegliche Bilder(-bücher) zu gestalten, durchaus mit eigenen Geschichten und Motiven.

Wer sich dies anfangs noch nicht zutraut, für denjenigen mögen die vorliegenden Beispiele Anhaltspunkte bieten.

Eine solche Beschäftigung kann in vielerlei Hinsicht eine große Bereicherung darstellen. Wesentlich ist dabei nicht das perfekte Bild, sondern die Freude am eigenen Gestalten. Dies am Erwachsenen wahrzunehmen, hat für die Kinder schon einen unschätzbaren Wert.

Darüber hinaus können dabei ungeahnte, vielleicht noch schlummernde Fähigkeiten entdeckt und geweckt werden!

Indem man versucht, das Typische in einem Bild oder an einer Figur herauszuheben, kann man bemerken, wie viel wacher und aufmerksamer man selbst durch das Leben geht und Spezifisches in Form, Farbe, Gestalt und Geste wahrnimmt.

Wie ist zum Beispiel die jahreszeitliche Grundstimmung?
Welche Farben herrschen vor? Ist es das frische Frühlingsgrün oder das satte dunkle Sommergrün mit blumenreicher Sommerstimmung? Sind es die warmen goldgelben, bis bräunlichen Herbstfarben oder das klare und kühle Blau-Grau-Weiß des Winters?

Wie ist die Hauptbewegung?
Spielt sich die Handlung zum Beispiel im oder am Wasser ab, herrschen fließende, strömende Bewegungen des Wasserelementes vor?

Man kann zum Beispiel entdecken, dass sich das Element, in welchem das jeweilige Tier zu Hause ist, sich bis in seine Bewegung und Gestalt hinein widerspiegelt.

Wo befinde ich mich als Betrachter?
Geht der Blick zum Beispiel von der Froschperspektive aus, das heißt, sitze ich zum Beispiel in der Wiese, so liegt in diesem Fall der Schwerpunkt im Vordergrund, d.h., die Gräser wachsen hoch bis zum oberen Bildrand und die sonst so kleinen Lebewesen wie Käfer, Schnecken u.ä. erscheinen vergrößert im Vordergrund.

Oder ich schaue in das Wasser hinein, wo sich die Fische bewegen, Muscheln und Seesterne zu entdecken sind.

Typische Merkmale von Tieren?
Bei der Darstellung von Tieren kommt es oft nur auf kleine Nuancen an, um Typisches hervorzuheben. Hierbei sind auch die Proportionen wesentlich.

Jungtiere zeichnen sich neben einer rundlichen Tollpatschigkeit dadurch aus, dass der Kopf im Verhältnis zum übrigen Rumpf größer ist, die Ohren oft klein und rundlich.

Beschreibung der Arbeitsschritte

1. Schritt: Bildformat
Bei der Wahl des Bildformates 3-4 cm Überstand am linken Bildrand zum Heften oder Binden zusätzlich rechnen.

2. Schritt: Bild-Ebenen
In wie vielen / welchen Ebenen soll Bewegung stattfinden?

Daraus ergibt sich die entsprechende Blattanzahl.

Für den Hintergrund, die mittlere(n) Ebene(n) und den Vordergrund jeweils ein Blatt berechnen.

Die Schnittreste für die Figuren, die Halte- und Führungsstreifen oder für weitere Ebenen verwenden.

3. Schritt: Hintergrund
Der Hintergrund wird gemalt. Zum Beispiel blaue Himmelsfläche oder sonnige Lichtfläche oder rotlila Abendhimmel.

Hierfür eignen sich besonders gut Wachsblöcke oder Ölkreiden längskantig gelegt.

Letztere lassen sich besonders gut anschließend verwischen, wodurch weichere Farbeindrücke entstehen.

1
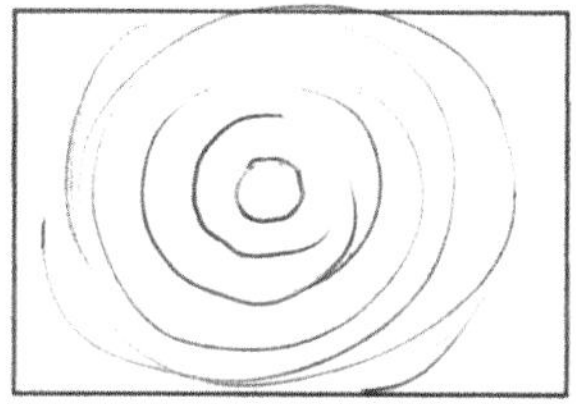

2
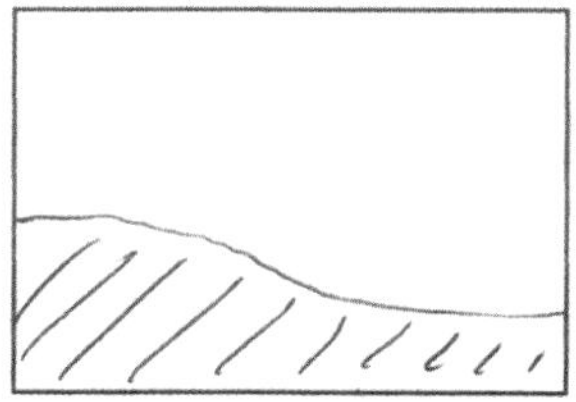

3
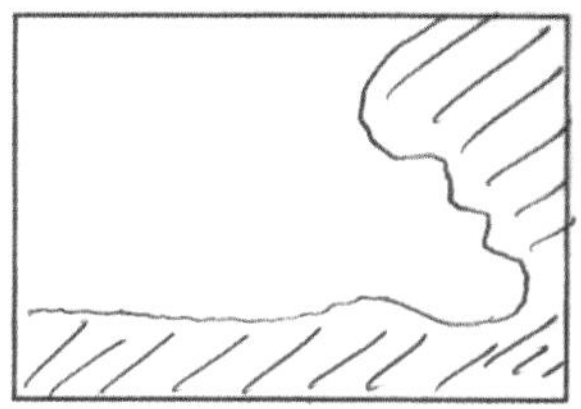

1
2
3
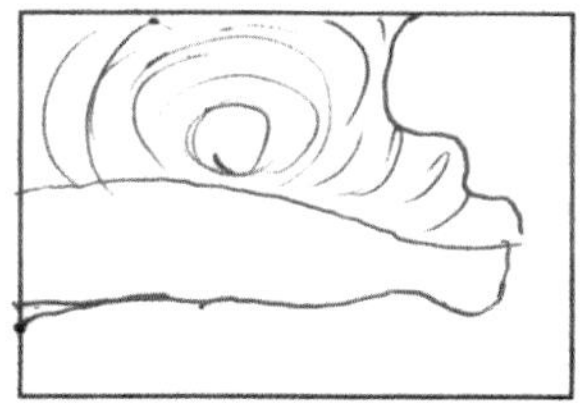

Beispiele für die Reihenfolge der Ebenen von zwei verschiedenen Motiven

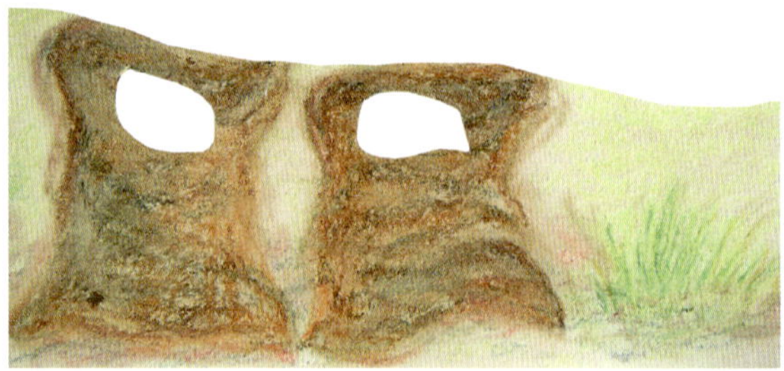

Erstes Motiv

Zweites Motiv

4. Schritt: Größe der Figuren / Bewegungsrichtung

In welche Richtung schaut / bewegt sich die Figur?

Soll sie zeitweilig verdeckt sein? (In diesem Fall muss die entsprechende Ebene oder der Vordergrund groß genug dafür sein.)

Soll sich die Figur nur in eine Richtung bewegen, oder kehrt sie wieder um? (Für letzteren Fall muss sie zweimal in verschiedene Richtung schauend gemalt und der Führungsstab dazwischen geklebt werden.)

Oder zwei einzelne Figuren mit jeweils einem eigenen Führungsstab fertigen.

5. Schritt: Haltestreifen

Ist nur eine Bewegungsrichtung vorgesehen und der Vordergrund zum zeitweiligen Verdecken groß genug, kann für die Figur ein Haltestreifen zwischen die entsprechende Ebene geklebt werden, damit die Figur nicht herausrutschen und verloren gehen kann.

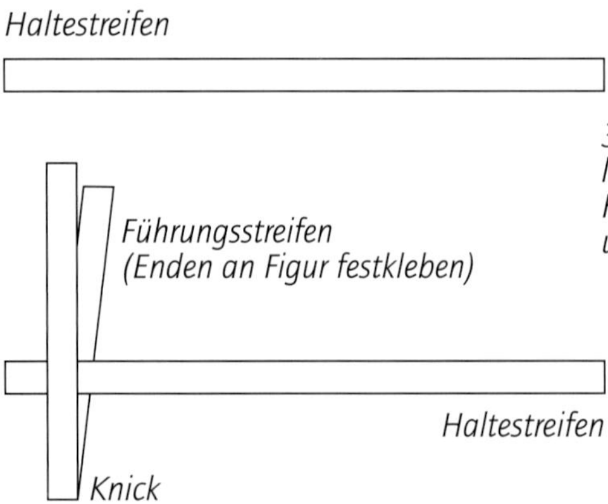

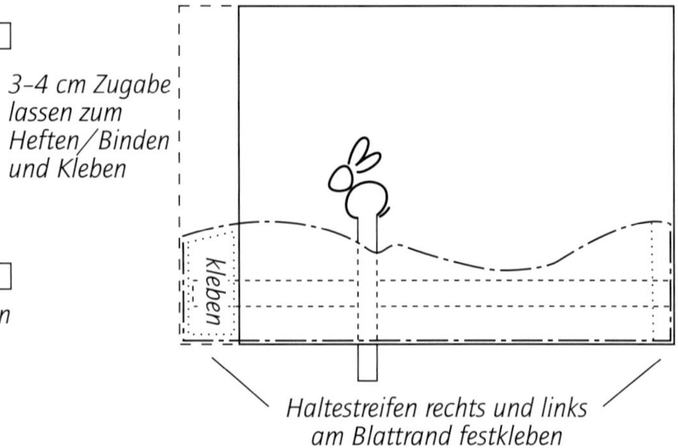

Figuren: Grundform/ Hauptgeste
Befindet sich die Figur in Ruhe oder in Bewegung? (Setzt ein Tier gerade zum Sprung an?)

Hilfreich ist es, sich zunächst eine Orientierungsform leicht vorzuzeichnen, Grundgesten mit wenigen Strichen zart anzulegen, diese Bewegung mit Wachs- oder Ölkreide aufzugreifen und zur ganzen Figur auszufüllen.

Wer sich das noch nicht zutraut, der kann die im Beispiel angegebenen Hauptgestenskizzen durchzeichnen.

Dieses Blatt auf den entsprechenden Fotokarton legen und die Konturen mit spitzem Bleistift mit Druck nachzeichnen und so auf den Karton übertragen. Dabei ist es sinnvoll, die «Drucklinie» etwas über der Kontur hinaus anzusetzen, um sie später als Schnittlinie aufzugreifen und gleichzeitig Spielraum zu lassen, damit die farbige Kontur «ausgewischt» werden kann.

Die Konturen der Darstellungen werden weicher, wenn man die Ränder entweder leicht verwischt oder sie in der gleichen Farbe (nur eine Nuance zarter = heller) ummalt bzw. die Figuren mit einem ganz wenig weißen Überstand rundherum ausschneidet und die Farbe der Figur zum Rand hin auswischt.

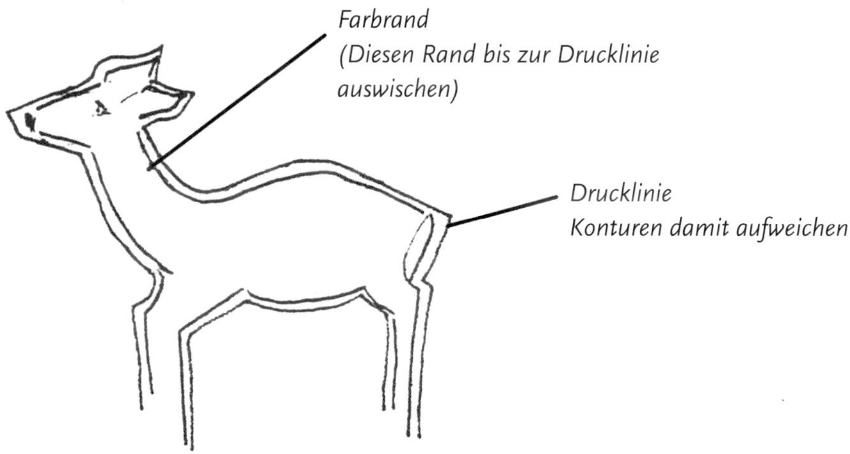

Beispiele für Grundgesten

Die beweglichen Bilder

(Abbildungen, Verse mit Bewegungsangaben und Schnittmustern)

Jedes der folgenden beweglichen Bilder wurde aus dem Sprachduktus des jeweiligen Gedichtes heraus entwickelt. Die dazu geeigneten Bewegungen sind als «Regieanweisungen» gemeint, können aber natürlich frei variiert werden. Die Bilder sind dem Jahreslauf entsprechend angeordnet, beginnend mit dem Frühjahr.

Das Seidenwürmlein

Zunächst nur erzählt

(noch keine Bewegung)

Das Seidenwürmlein spinnt und spinnt
sein kleines rundes Haus,
dann schläft es wunderselig ein
und ruht sich lange aus.
Dann reckt es sich und streckt es sich
und stößt das Dach entzwei!
O Schmetterling im Frühlingskleid,
nun breite deine Flügel weit
im lieben Sonnenschein.

*Schmetterling erscheint, fliegt hin und her
zur Blume im Sonnenschein*

Aus «Des Knaben Wunderhorn»

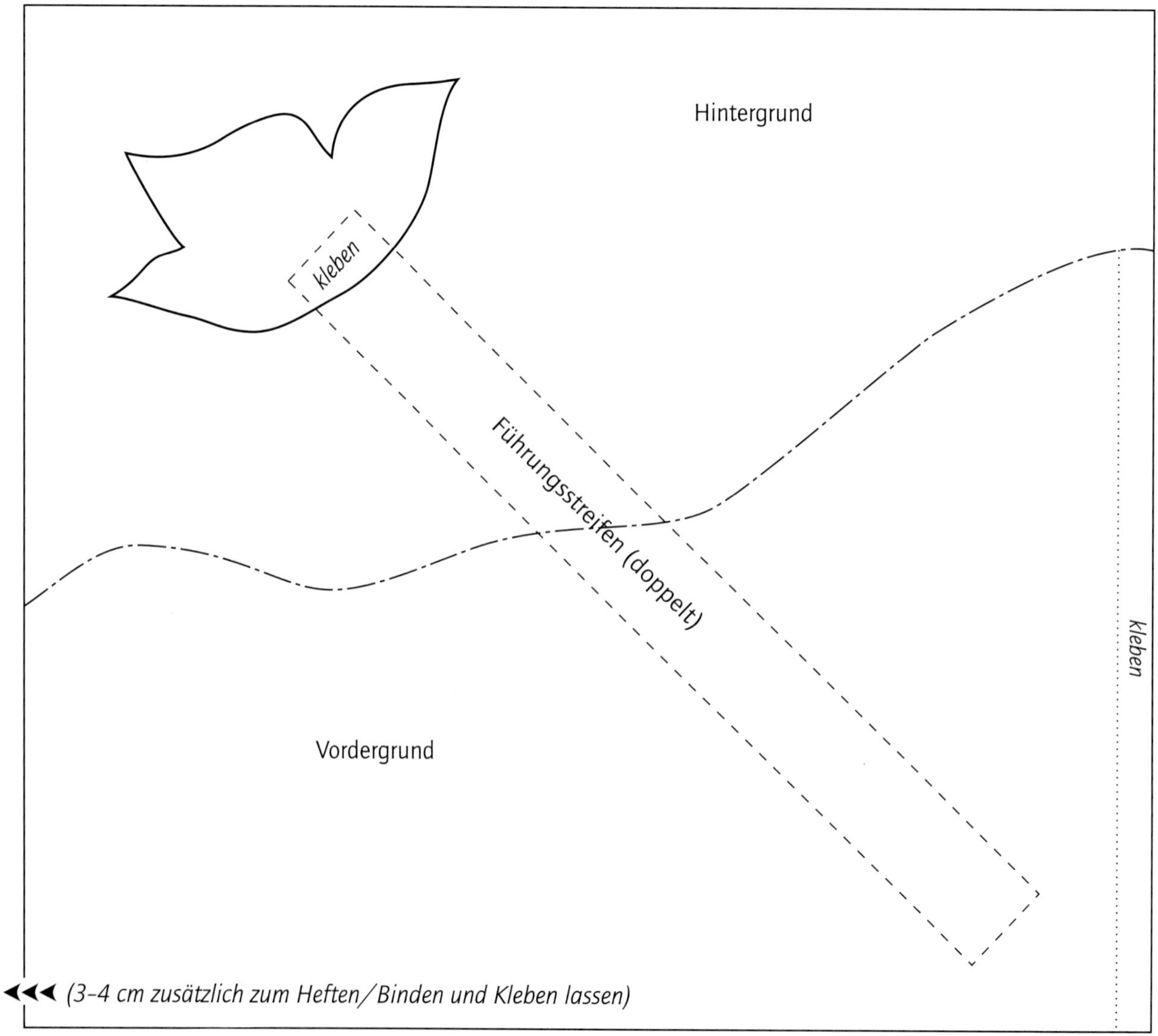

Hintergrund
kleben
Führungsstreifen (doppelt)
kleben
Vordergrund
(3–4 cm zusätzlich zum Heften/Binden und Kleben lassen)

Die Hasenmutter

Hasenkinder zunächst noch versteckt hinter dem Vordergrund

Die Hasenmutter sitzt im Wald,
Die Hasenkinder kommen bald.

langsam erscheinen die Ohren

Sie spitzen ihre Ohren schon,
Jetzt hüpfen sie vergnügt davon.
Nun, ihr Häschen, seid nicht dumm,
Hüpft um diesen Baum herum,

sie verschwinden hinter dem Baum

Um den Baum und um den Busch,
Springt nach Hause, husch, husch, husch.

werden hinter dem Vordergrund versteckt so geführt, dass sie kurz wieder zum Vorschein kommen, um dann endgültig hinter dem Baum zu verschwinden

Hedwig Diestel

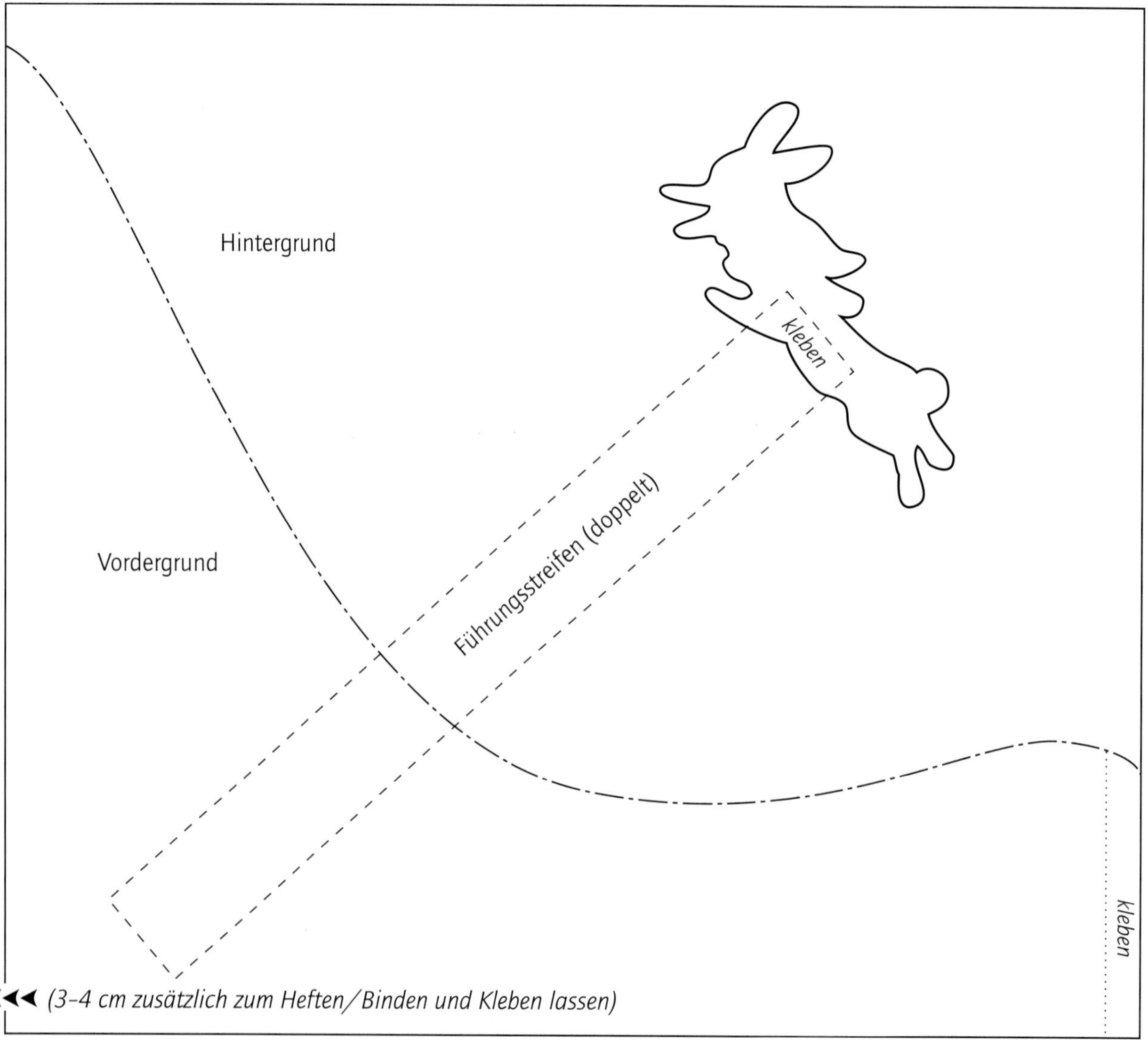

(3–4 cm zusätzlich zum Heften/Binden und Kleben lassen)

Der Osterhase

Der Hase kommt! Seid alle still,
Ihr Kinder, haltet Ruh'!

Es ist noch nichts zu sehen
Hase ist verdeckt unten hinter dem Vordergrund

Weil er euch überraschen will,
Macht eure Augen zu!

Er hüpft zum Neste in der Nacht,

Hase erscheint links
So führen, dass er schnell rechts im Bild hinter dem Strauch verschwindet

Springt fort in schnellem Lauf.
Was hat er Schönes mitgebracht?
Macht eure Augen auf!

Hedwig Diestel

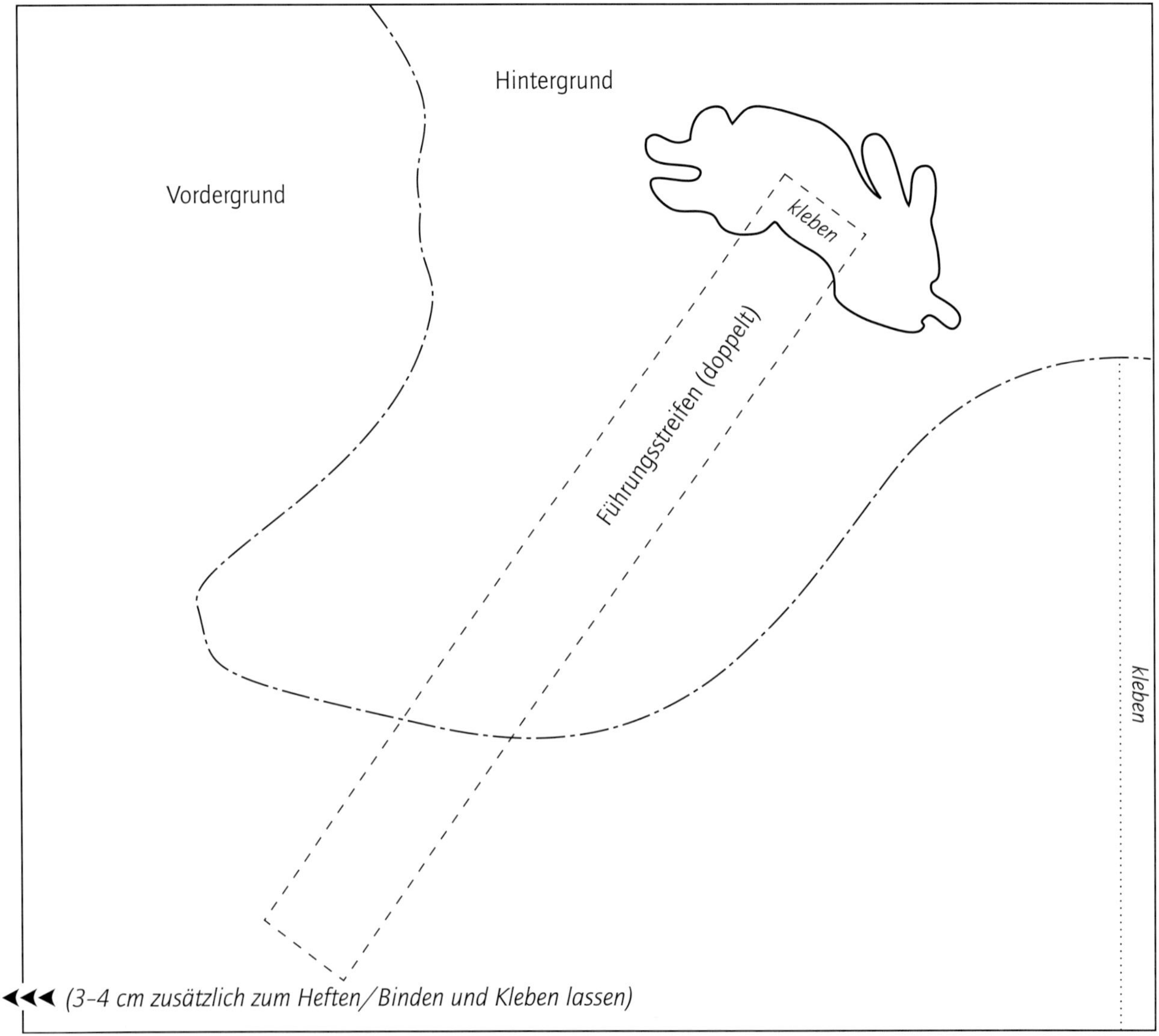

◀◀◀ *(3–4 cm zusätzlich zum Heften/Binden und Kleben lassen)*

Die Schnecken

Wir Schnecken, wir Schnecken,
Wir sitzen im Gras,
Wir regen die Fühler, erzählen uns was,

Langsam schieben die Schnecken ihre Fühler aus
Rechte Schnecke wird vom rechten Bildrand aus geführt
(wichtig, dass Führungsstab gut zusammengeklebt wird, damit wirklich nur der Schneckenleib aus dem Haus hervorkommt)
Schnecken so führen, dass sie sich (erzählend) einander zuneigen

Von Käfer und Biene, von Katze und Maus,
Und fängt's an zu regnen,
dann geh'n wir ins Haus!

Schnecken verschwinden im Haus

Hedwig Diestel

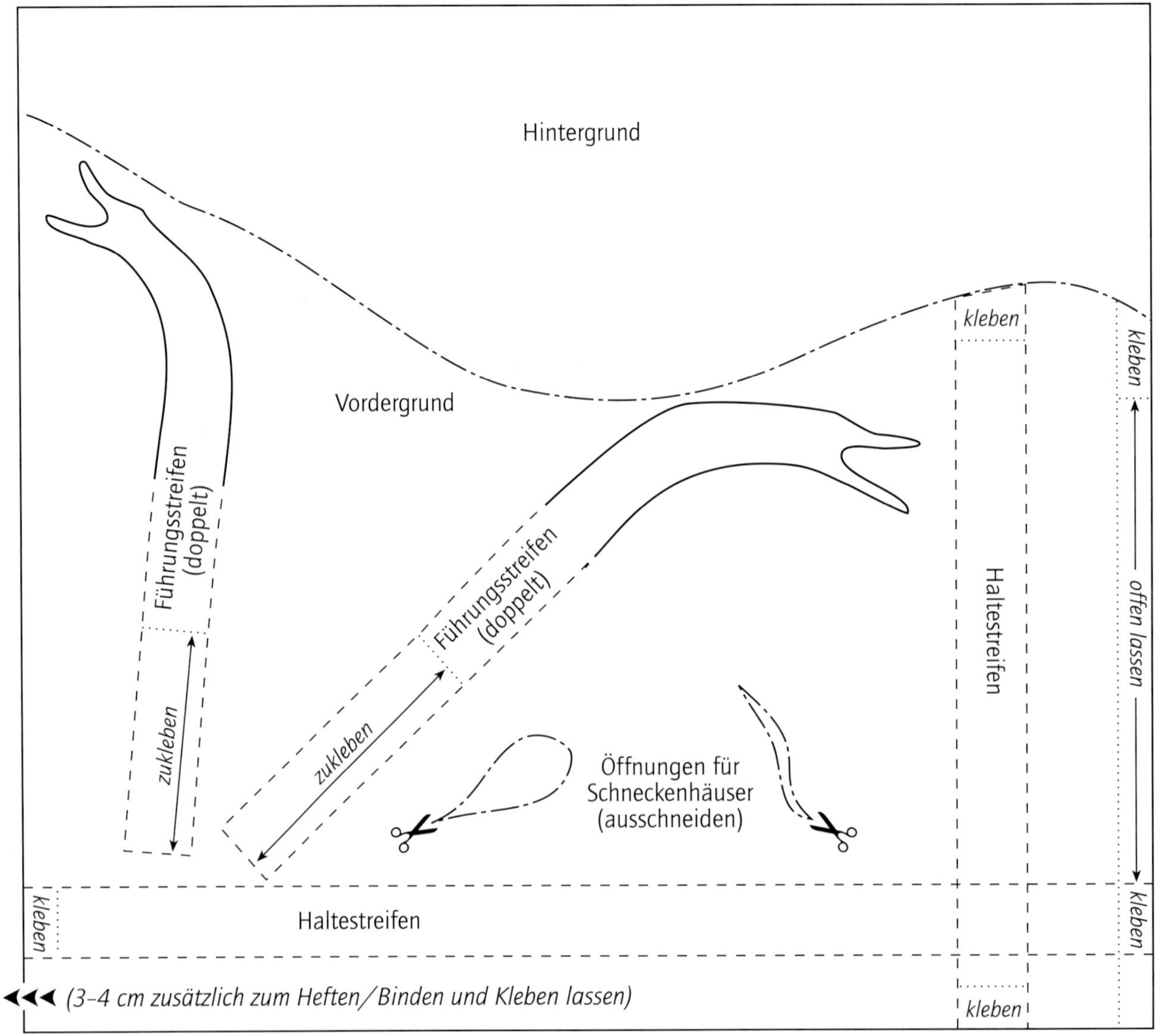

Hintergrund
Vordergrund
Führungsstreifen (doppelt)
zukleben
Führungsstreifen (doppelt)
zukleben
Öffnungen für Schneckenhäuser (ausschneiden)
kleben
Haltestreifen
kleben
offen lassen
kleben
kleben
Haltestreifen
kleben
(3–4 cm zusätzlich zum Heften/Binden und Kleben lassen)

Der Vogel

Vogelkinder bleiben noch verborgen unten im Nest

In der Hecke, auf das Ästchen,
Baut der Vogel sich ein Nestchen,
Legt hinein fünf Eierlein,
Schlüpfen raus fünf Vögelein.

Vogelkinder langsam nach oben schieben, leicht auf und ab bewegen

Zwitschern lustig piep, piep, piep,
Wir haben uns einander lieb.

In Anlehnung an Marianne Garff

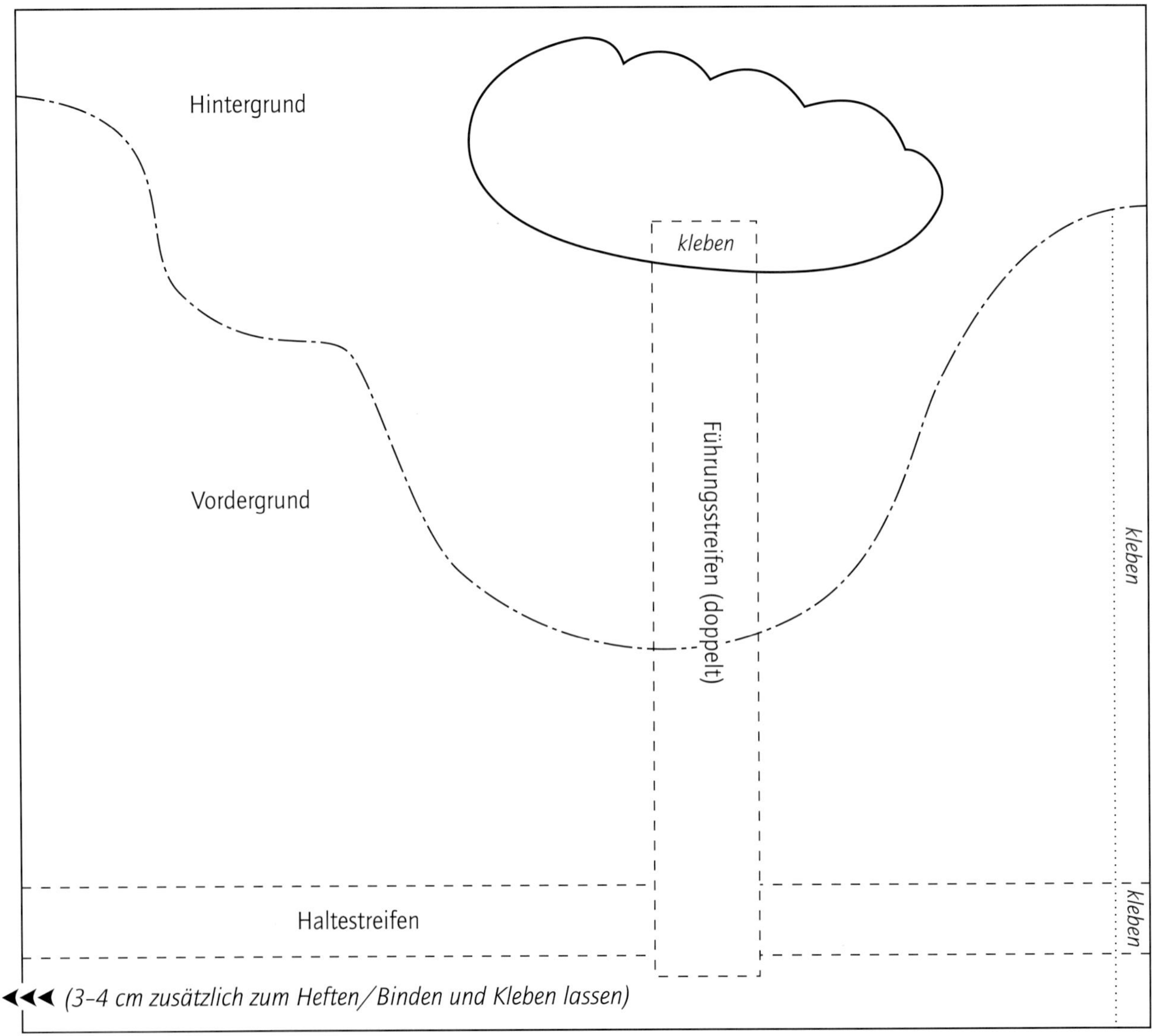
Hintergrund
kleben
Vordergrund
Führungsstreifen (doppelt)
kleben
Haltestreifen
kleben
◄◄◄ (3–4 cm zusätzlich zum Heften/Binden und Kleben lassen)

Zwei Heinzelmännchen

Zwei Heinzelmännchen im Sack,

Heinzelmänner sind noch im Sack

Das eine heißt Schnick,

jetzt den ersten Heinzelmann nach oben führen

Das andere heißt Schnack.

dann den zweiten Heinzelmann nach oben führen,
mit entsprechenden Bewegungen führen

Schnick hat ein Hütchen,
Schnack hat einen Kranz,
So gehen sie beide zum Hochzeitstanz.

Beide nach oben zur Wiese führen

Sie tanzen so manierlich,
Die Schritte sind so zierlich.

aufeinander zu und von einander weg usw. bewegen

Dann gehen Schnick und Schnack
Zurück in ihren Sack.

Der Sack, der hat ein Loch
Da erzählen sie sich noch.

Beide Heinzelmännchen sind noch durch die Löcher
zu sehen.

Verfasser unbekannt

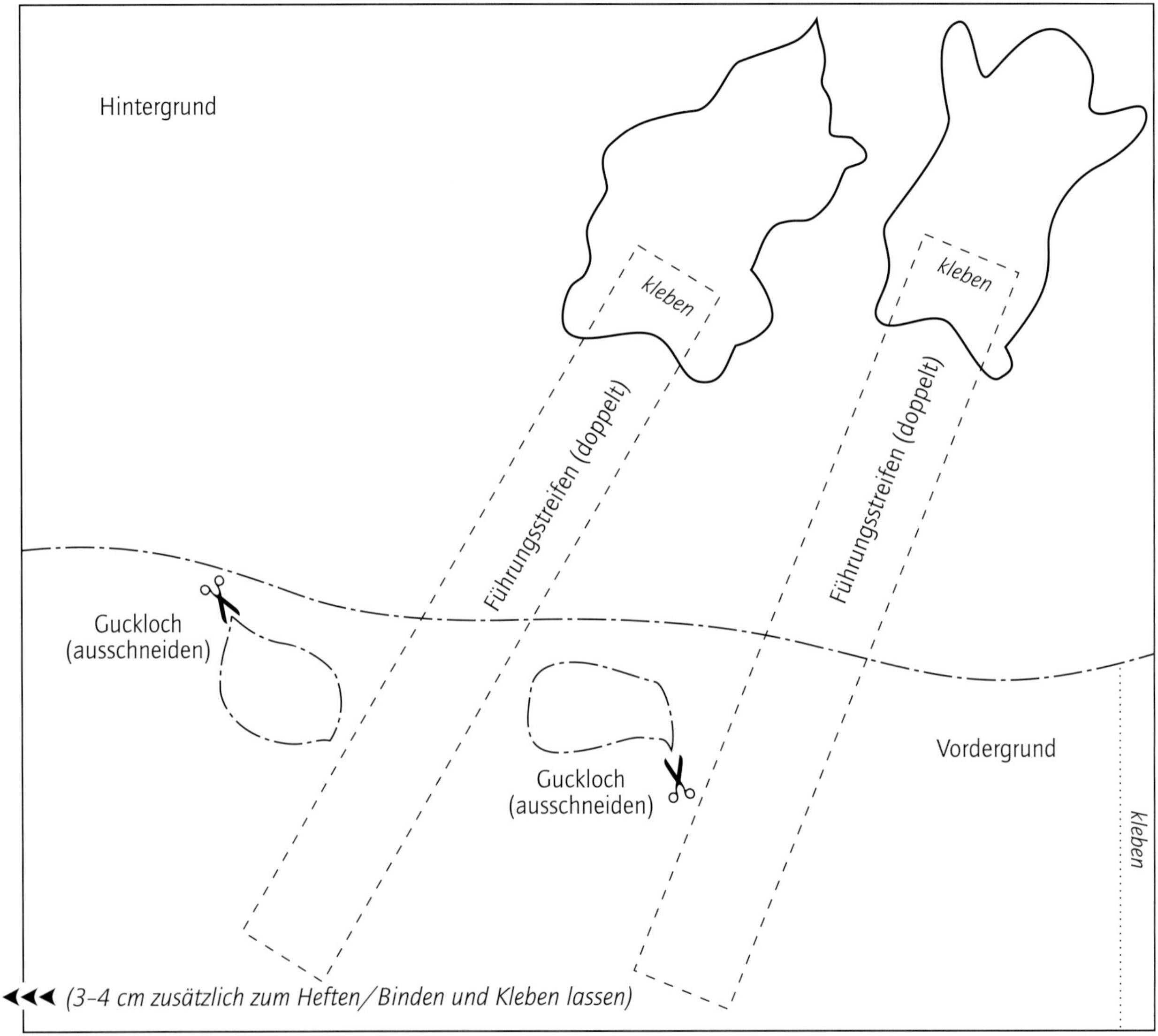
Hintergrund
kleben
kleben
Führungsstreifen (doppelt)
Führungsstreifen (doppelt)
Guckloch
(ausschneiden)
Guckloch
(ausschneiden)
Vordergrund
kleben
◄◄◄ (3–4 cm zusätzlich zum Heften/Binden und Kleben lassen)

Die Mäuslein

Zunächst sind alle Tiere noch versteckt

Wir Mäuslein, wir kommen aus unseren Verstecken,

Mäuschen nacheinander nach oben schieben

Wir riechen was Gutes, wie mag es nur schmecken?

Mäuse zum Speck und zum Käse führen

Wir zerren mit zierlichen Zähnchen am Speck,

Mäuse hin und her bewegen

Die Katze erwacht – nun springen wir weg.

Katze langsam nach oben bewegen, gleichzeitig die Mäuse schnell nach unten verschwinden lassen.

Hedwig Diestel

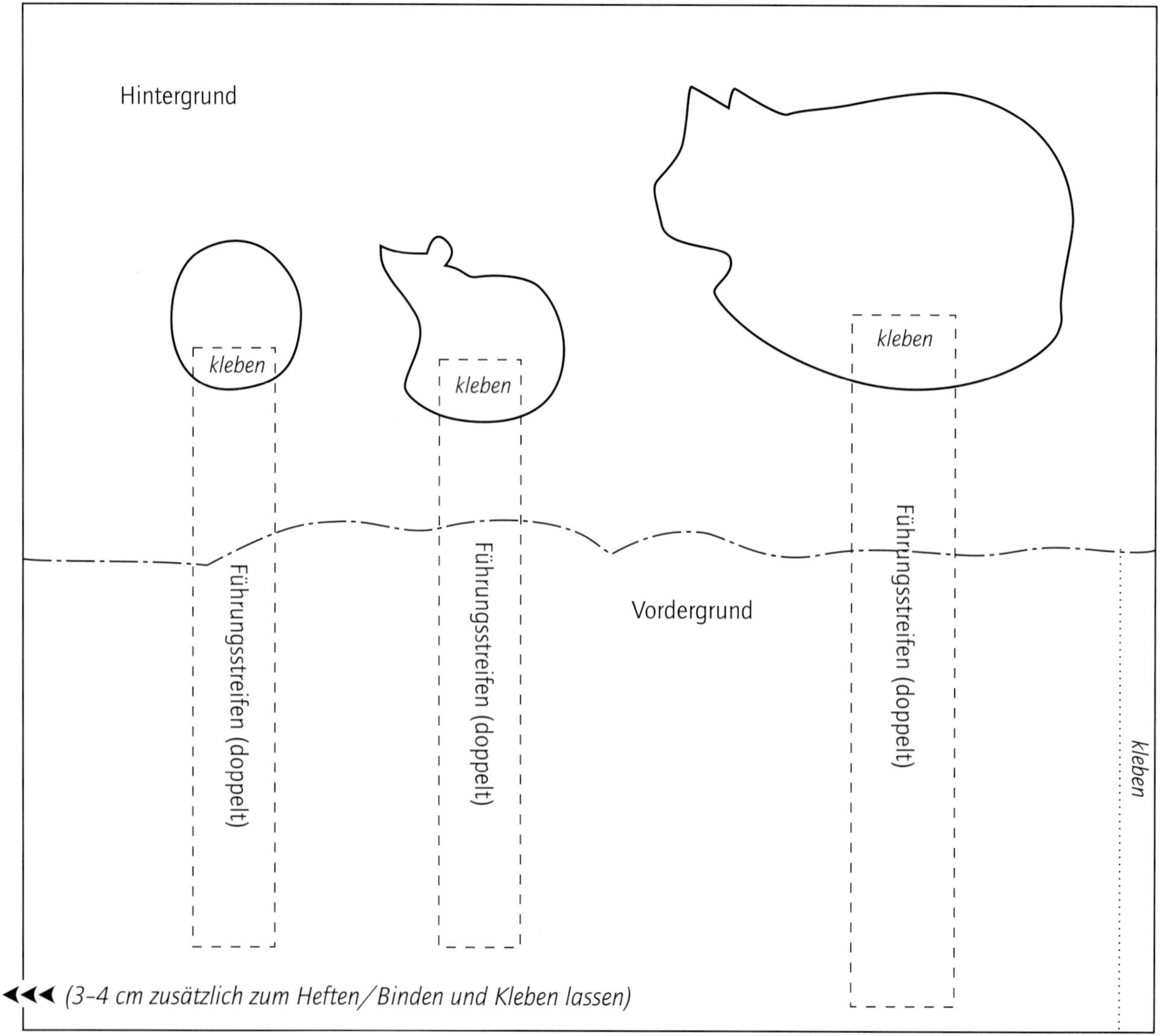
Hintergrund
kleben
kleben
kleben
Führungsstreifen (doppelt)
Führungsstreifen (doppelt)
Führungsstreifen (doppelt)
Vordergrund
kleben
(3–4 cm zusätzlich zum Heften/Binden und Kleben lassen)

Das Fischlein Silberschnee

Fisch ist noch nicht zu sehen

In dem dunkelblauen See
Da wohnt das Fischlein Silberschnee.

Bist du hübsch artig, kleine Maus,
Dann streckt es seinen Kopf heraus.

Kopf guckt vorsichtig hervor

Hast du für gutes Wort ein Ohr,
Schaut es mit halbem Leib hervor.

Fisch halb hervor schauen lassen

Wirst du gescheiter Jahr um Jahr,
Siehst du das Fischlein ganz und gar.

Der ganze Fisch erscheint

Es liebt die Menschen frisch und jung.
Vor Freude macht es einen Sprung!

Fisch springen lassen

von rechts nach links
von links nach rechts

Dann taucht es wieder in den See,
Das kleine Fischlein Silberschnee!

Fisch verschwindet

Hedwig Diestel

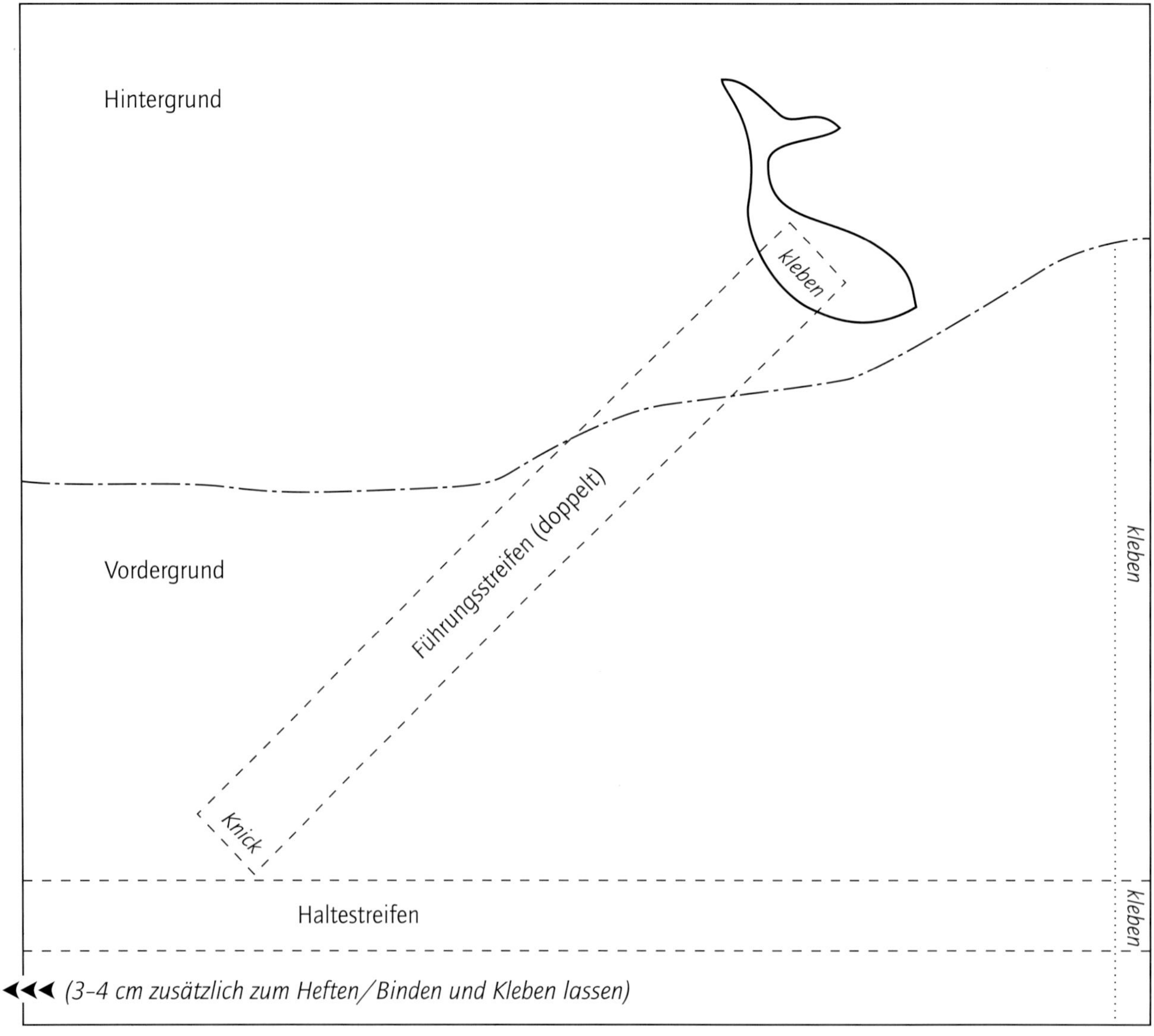
Hintergrund
kleben
Führungsstreifen (doppelt)
Vordergrund
kleben
Knick
Haltestreifen
kleben
(3–4 cm zusätzlich zum Heften/Binden und Kleben lassen)

Das Büblein

Büblein von rechts nach links hinter den Baum führen

Steigt ein Büblein auf den Baum,
Ei, wie hoch, man sieht es kaum!

Hinter den Baum nach oben führen hin zum Nest,
so dass es oben sichtbar ins Nest schaut

Schlüpft von Ast zu Ästchen,
hüpft zum Vogelnestchen.
Ui!
Da lacht es.
Hui!
Da kracht es.

Bübchen fällt herunter

Plumps, da liegt es drunten
Mutter hat's gefunden!

Bübchen aus dem Bild herausnehmen auf der
Hand tröstend wiegen

Friedrich Güll

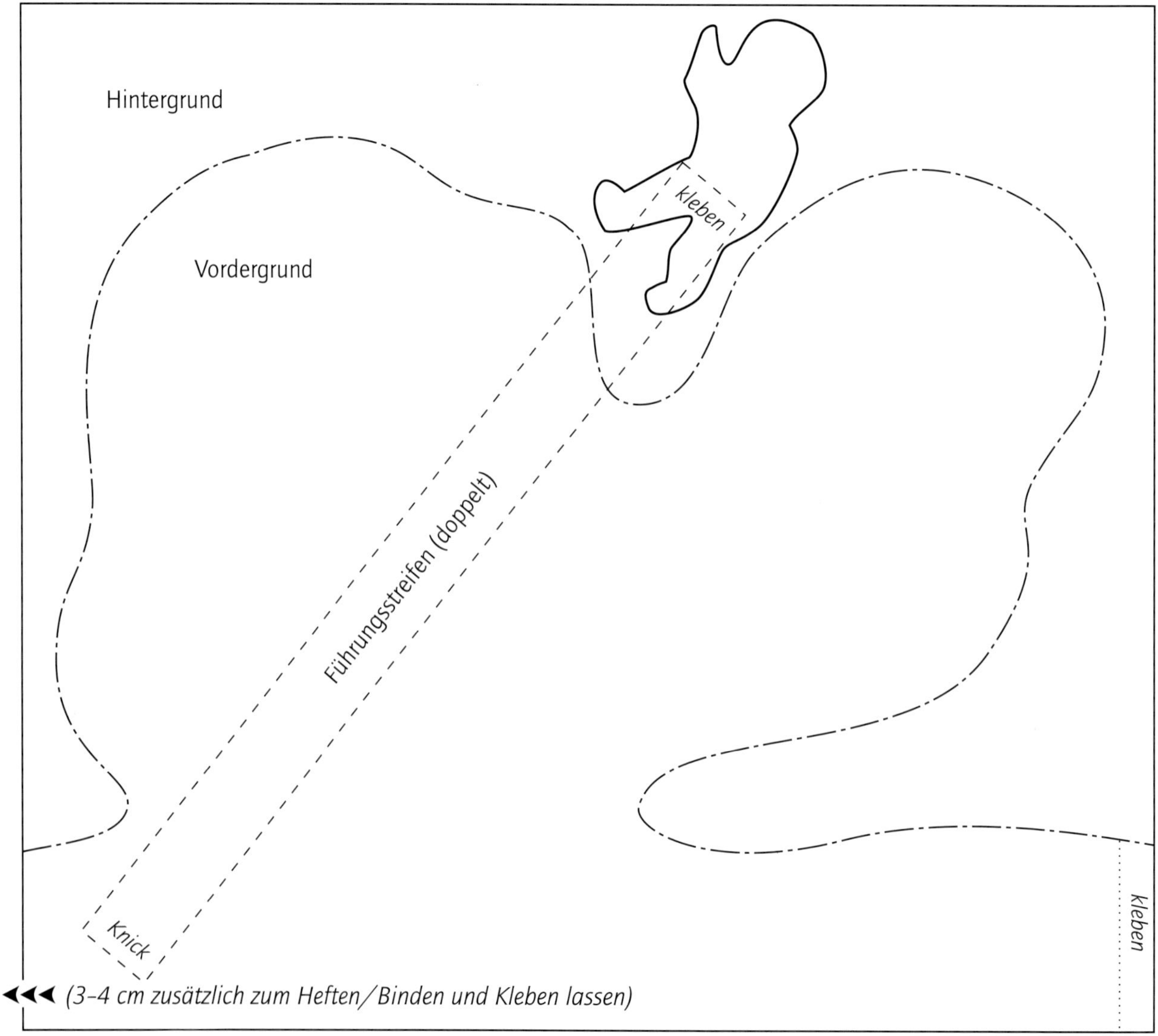
Hintergrund
Vordergrund
kleben
Führungsstreifen (doppelt)
Knick
◀◀◀ (3–4 cm zusätzlich zum Heften/Binden und Kleben lassen)
kleben

Im Wald

Leise, leise auf den Zehen
Wollen wir zum Walde gehen!
Bei den Tannen, bei den Buchen,
Unser Schneckenkind besuchen!

Schnecke ist noch verborgen

Schneckenkind hat sich verborgen:
Guten Morgen, guten Morgen!

Schnecke kommt links hinter dem Baum hervor
Zunächst sind erst die Fühler zu sehen

Komm heraus im Sonntagskleide,
Zeig uns deine Fühler beide!

Horch, wie schön die Vögel singen!

Reh wird, von rechts kommend, so geführt, dass die Beine in der ersten Ebene laufen

Sieh, wie flink die Rehlein springen!
Gehst du wieder in dein Stübchen?
Lebe wohl, du kleines Liebchen!

Schnecke zieht sich wieder zurück

Lebe wohl, auf leisen Zehen
Wollen wir nach Hause gehen,
Schwenken's Mützlein auf und nieder,
Doch wir kommen morgen wieder!

Hedwig Diestel

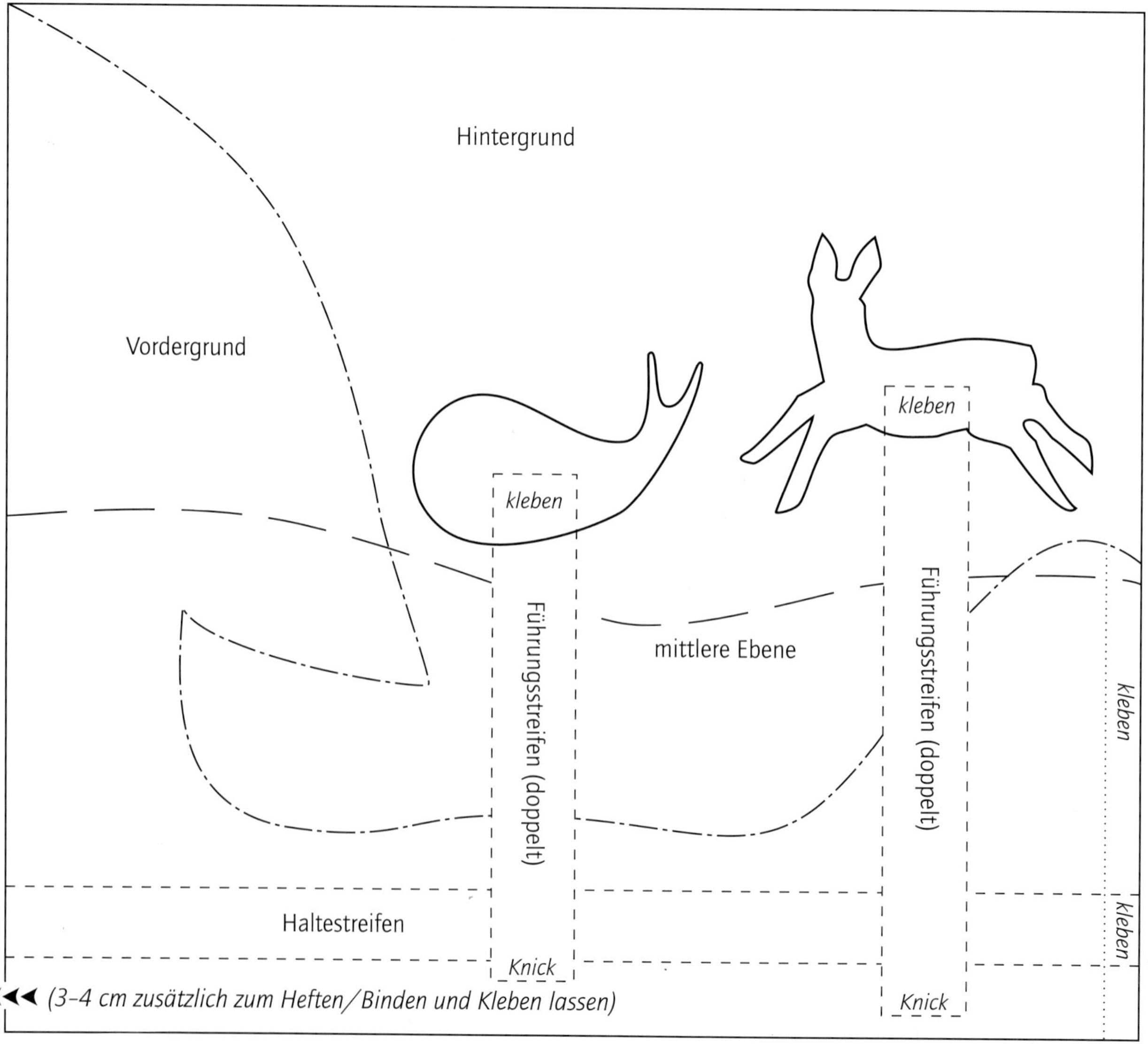

◀◀◀ *(3–4 cm zusätzlich zum Heften/Binden und Kleben lassen)*

Das Eichhörnchen

Eichhörnchen so führen, dass die Beine vor dem Vordergrund sind
Zwischendurch kann es hinter dem Vordergrund verschwinden, dann kommt es wieder zum Vorschein

Von Verstecke zu Verstecke
Gradezu und um die Ecke,
Sieh mich klettern
Zwischen Blättern,

Sieh mich springen,
Sieh mich purzeln,
In den Wipfeln,
In den Wurzeln,

Bald auf Bäumen,
Bald im Busch,
Hin und her
In raschem Husch.

Hedwig Diestel

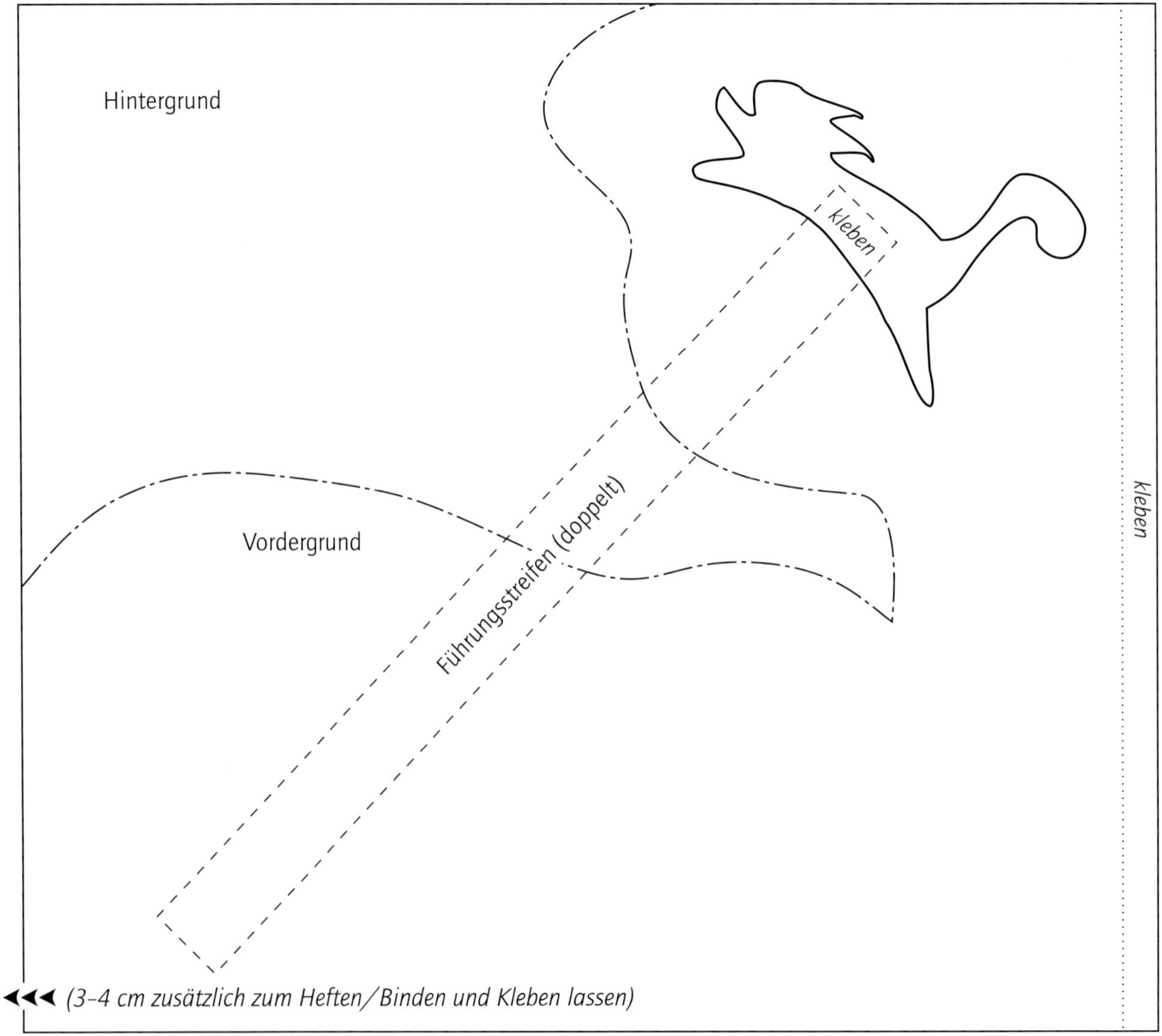
Hintergrund
kleben
kleben
Vordergrund
Führungsstreifen (doppelt)
◄◄◄ *(3–4 cm zusätzlich zum Heften/Binden und Kleben lassen)*

Ein kleiner Zwerg

Zwerg erscheint oben zwischen dem Hintergrund und dem Berg der zweiten Ebene

Es war einmal ein kleiner Zwerg
Auf einem ziemlich hohen Berg.
Der Zwerg ist einst herabgestiegen,
denn einen Hasen wollt er kriegen.

Der Zwerg ist unten angekommen

Der Hase erscheint hinter dem Busch (zwischen der 1. Ebene und dem Vordergrund)
und läuft zum Haus

Der Hase merkt's und läuft geschwind
Und ruft: Ach hilf mir, liebes Kind!

Das Kind das öffnet seine Tür:

Komm, Hase, schnell herein zu mir!

Der Hase verschwindet hinter dem Haus

Es schließt die Türe ganz fest zu:
Bleib draußen, Zwerg, lass uns in Ruh!
Da ist der Zwerg bald heimgegangen,
er konnt' den Hasen doch nicht fangen.

Zwerg verschwindet zwischen dem Hintergrund der 1. Ebene

Elfriede Pausewang

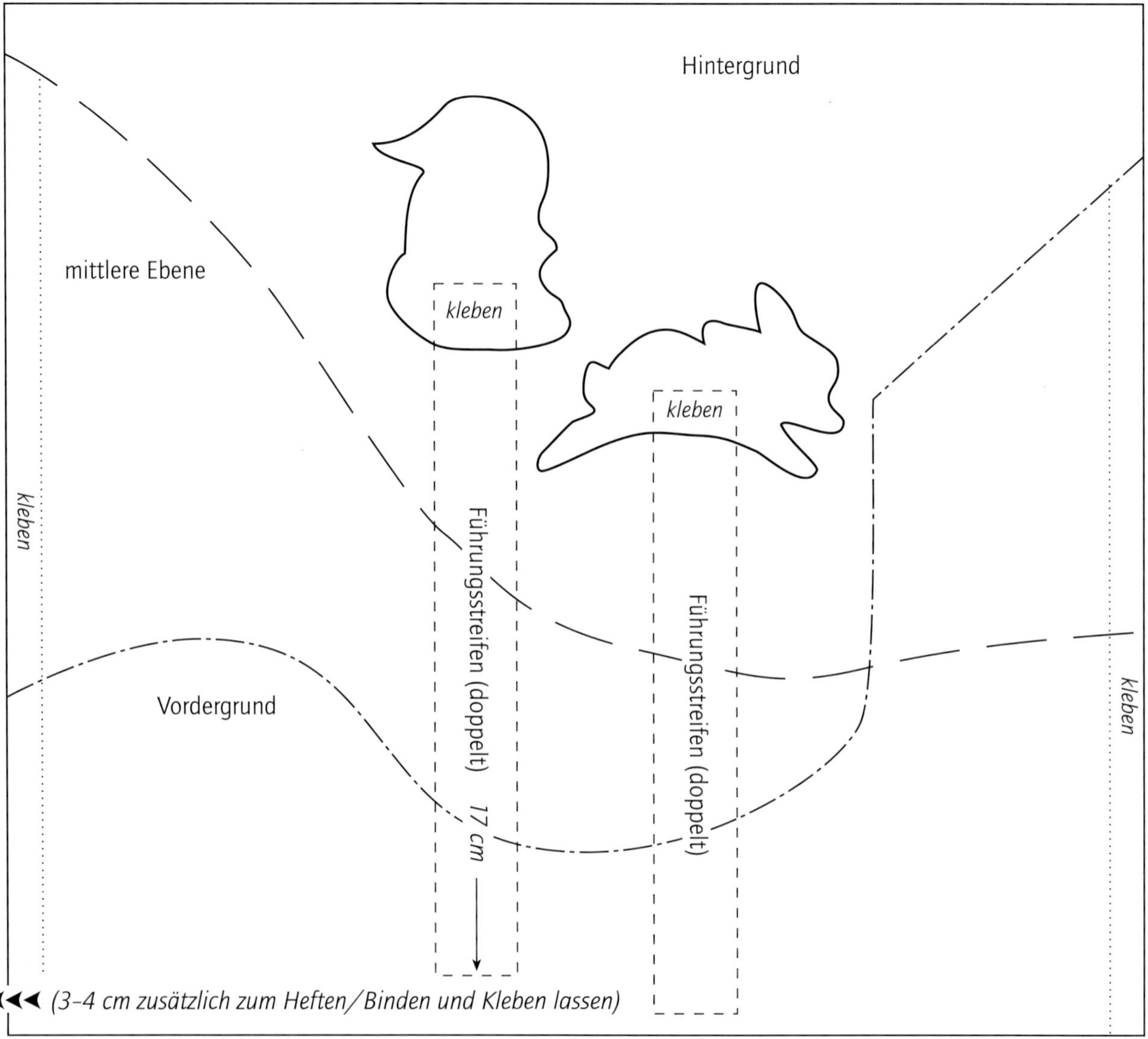

◀◀◀ *(3–4 cm zusätzlich zum Heften/Binden und Kleben lassen)*

Die Wichtel

Erster Zwerg ist im Bild,
die beiden anderen sind noch hinter dem Strauch verborgen
Zwerg wandert hin und her

Ein Wichtel wandert tippe tapp,
Im grünen Walde auf und ab,
Er geht um einen Haselstrauch
Und um ein Tannenbäumchen auch.
Nun bleibt er auf der Wiese stehen:

Zweiter Zwerg kommt dazu

«Komm, Zwerglein!
Willst du mit mir gehen?»

Beide Zwerge laufen auf und ab

Zwei Wichtel wandern tippe tapp,
Im grünen Walde auf und ab,
Sie gehen um einen Haselstrauch
Und um ein Tannenbäumchen auch.
Sie bleiben auf der Wiese stehen:

Dritter Zwerg kommt dazu

«Komm, Zwerglein!
Willst du mit uns gehen?»

Alle drei Zwerge gehen hin und her

Verfasser unbekannt

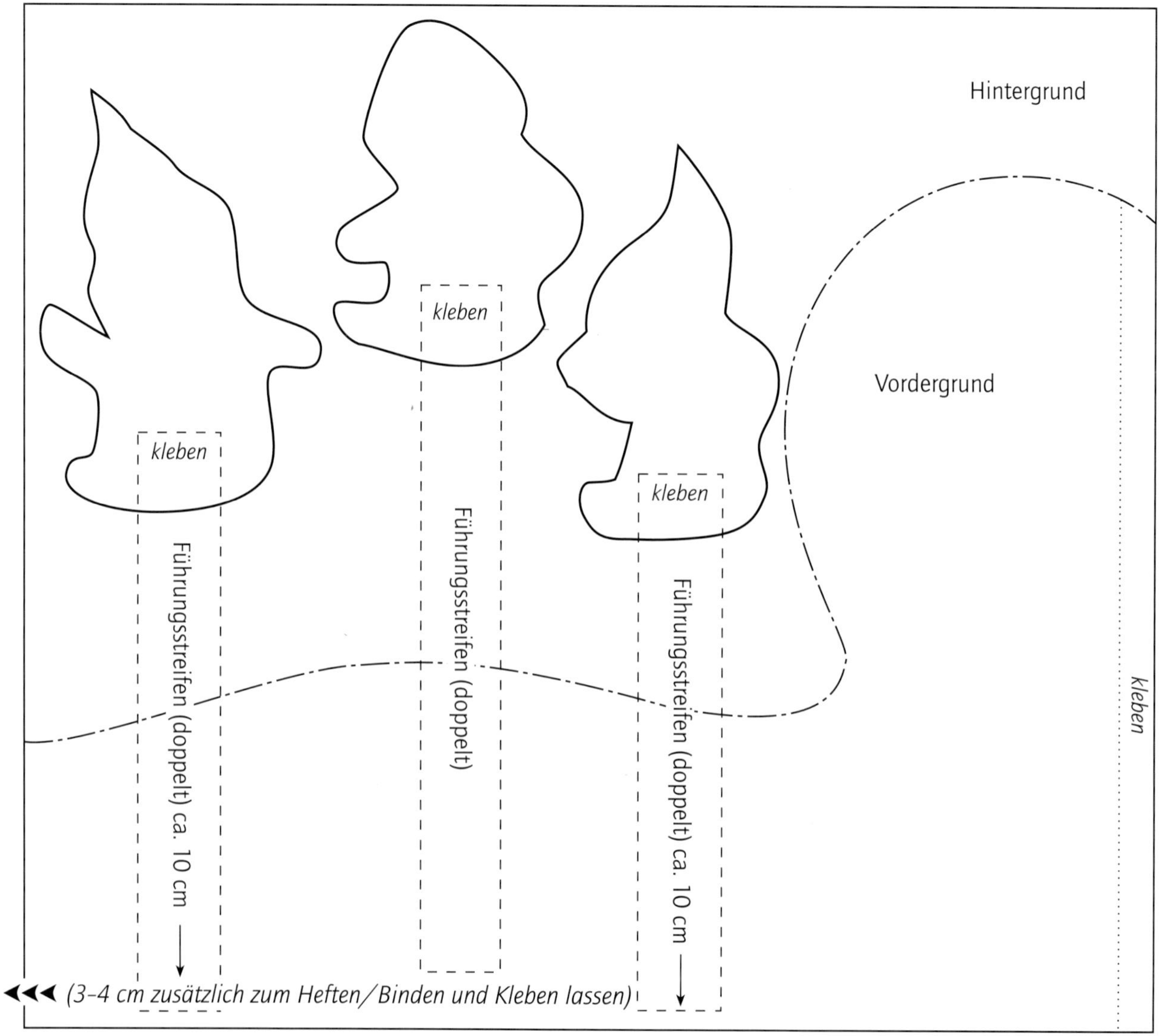

Hintergrund
Vordergrund
kleben
kleben
kleben
kleben
Führungsstreifen (doppelt) ca. 10 cm
Führungsstreifen (doppelt)
Führungsstreifen (doppelt) ca. 10 cm
(3–4 cm zusätzlich zum Heften/Binden und Kleben lassen)

Der kleine Igel

Schschsch – sch – sch – sch –
Was raschelt in dem Blätterhaufen?
Sch – sch
Wer mag darinnen laufen?

Noch ist nichts zu sehen
(Igel hinter Vordergrund versteckt)

Hin und her
Rischel raschel
Kreuz und quer
Na, ich seh ein Schnäuzlein blitzen
Und noch viele Stachelspitzen.

Schnäutzchen kommt zum Vorschein und zwischendurch kurz der Stachelrücken

Dappe dappe
Hin und her
Rischel – raschel
Kreuz und quer

Hin und her bewegen

Ich glaube , dass ihr es schon wisst,
Dass das ein kleiner Igel ist.

Igel kommt ganz zum Vorschein

Horch! Er ist davongelaufen.
Man hört nichts mehr
Im Blätterhaufen.

Igel verschwindet wieder

Wilma Ellersiek
bearbeitet von Sylvia Schwartz

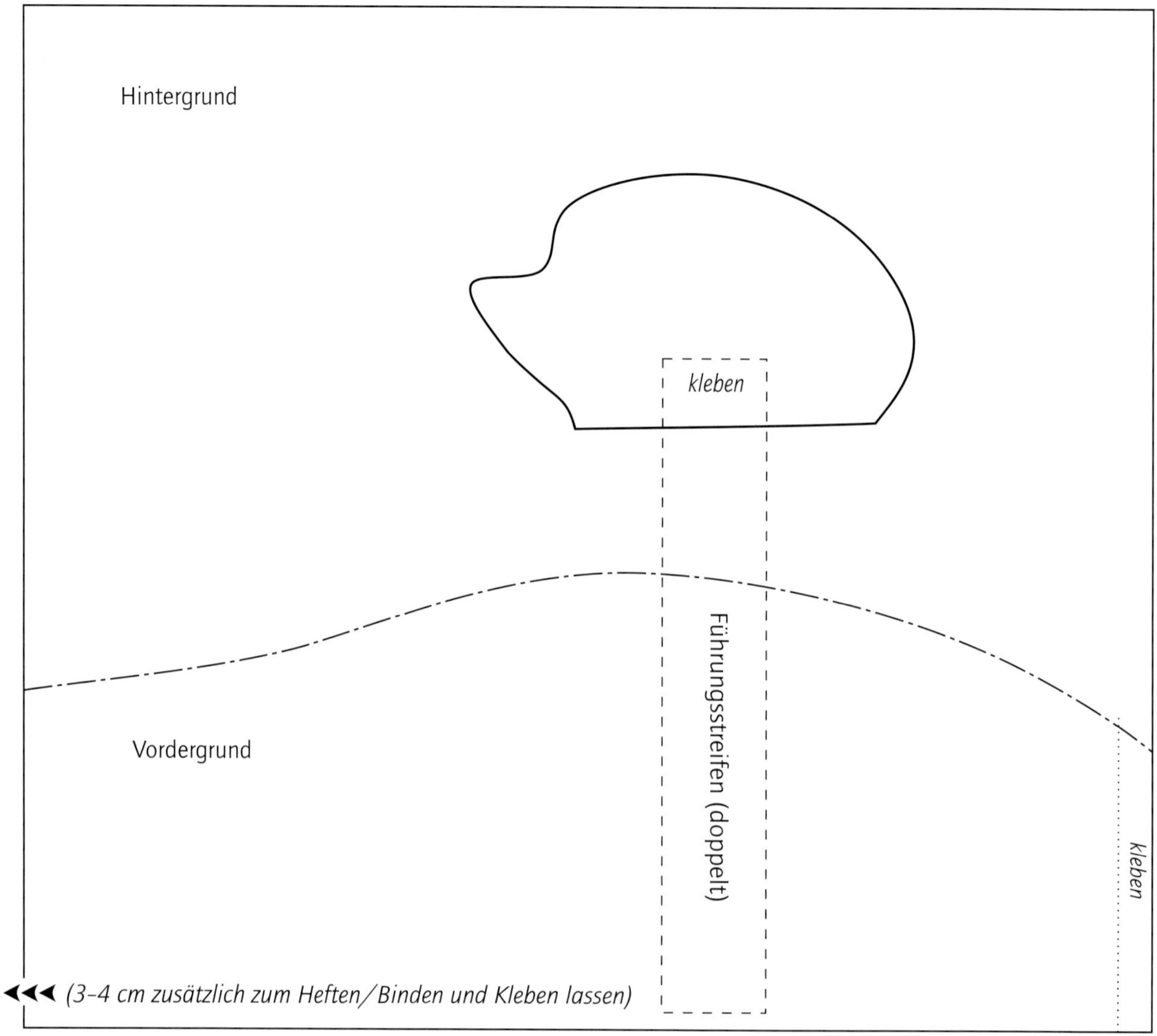
Hintergrund
kleben
Führungsstreifen (doppelt)
Vordergrund
kleben
◀◀◀ (3–4 cm zusätzlich zum Heften/Binden und Kleben lassen)

Ein kleines Mädchen

Das Mädchen entsprechend hin und her führen

Ein kleines Mädchen kommt daher,
geht auf der Straße hin und her.

Junge taucht rechts hinter dem Haus auf

Da kommt ein Bübchen angegangen,
das will das kleine Mädchen fangen.

Das Mädchen verschwindet im Haus
Es schaut zum Fenster heraus

Das Mädchen rennt geschwind ins Haus
Und lacht das kleine Bübchen aus.

Elfriede Pausewang

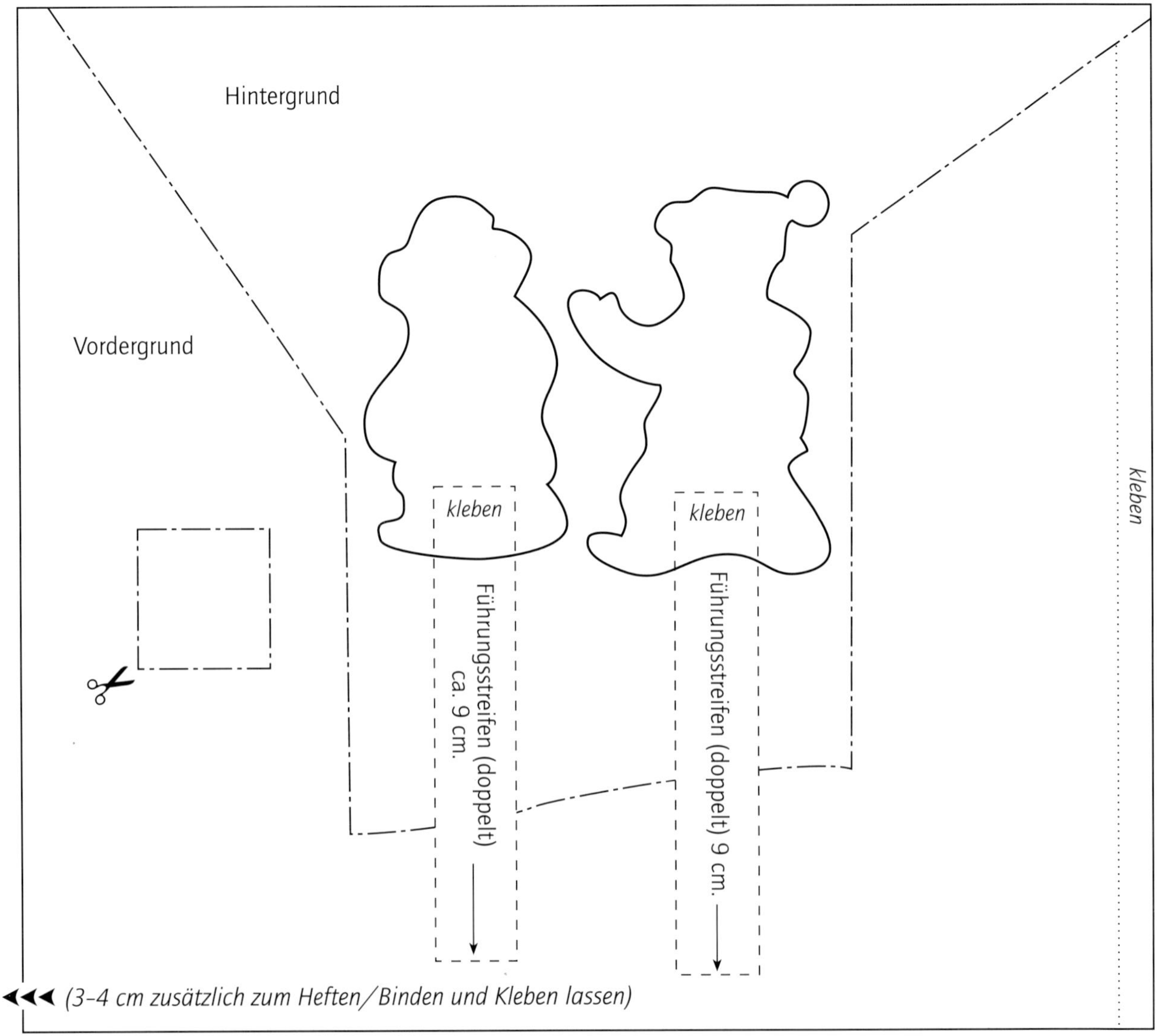
Hintergrund
Vordergrund
kleben
kleben
kleben
Führungsstreifen (doppelt) ca. 9 cm.
Führungsstreifen (doppelt) 9 cm.
(3–4 cm zusätzlich zum Heften/Binden und Kleben lassen)

Der Spatz

Text lesen

Spatz fliegt dicht an 1. Ebene

Geflogen kommt ein Spatz.

Katzenbeine laufen vor dem Vordergrund

Geschlichen kommt die Katz.

Katze springt

Schon hebt sie an zu springen,
will's Spätzlein gleich verschlingen.

Spatz fliegt links auf das Vogelhaus

Da ist in hohem Bogen
der Spatz davongeflogen.
Er setzt sich auf das Haus
und lacht die Katze aus.

Elfriede Pausewang

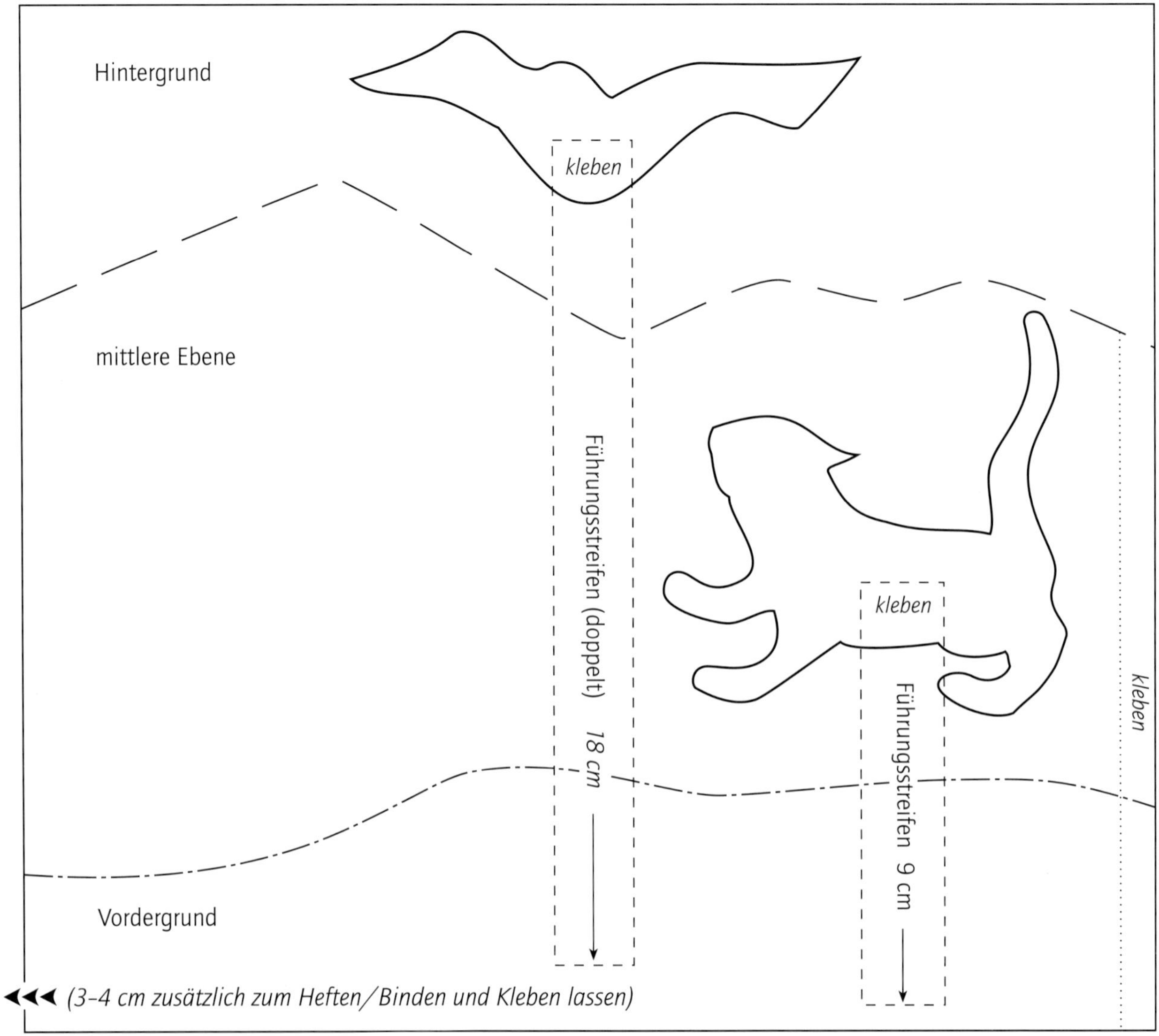
Hintergrund
kleben
mittlere Ebene
Führungsstreifen (doppelt) 18 cm
kleben
Führungsstreifen 9 cm
kleben
Vordergrund
(3–4 cm zusätzlich zum Heften/Binden und Kleben lassen)

Die drei Spatzen

Text vorlesen

In einem leeren Haselstrauch
Da sitzen drei Spatzen Bauch an Bauch

Franz hinter Hans
Erich vor Hans
Spatzen jeweils ein wenig bewegen

Der Erich rechts
Und links der Franz
Und mitten drin der freche Hans.
Sie haben die Augen zu ganz zu,
Und oben drüber da schneit es, huuu.

Spatzen sitzen ganz still!

Sie sitzen zusammen dicht an dicht,
So warm wie der Hans hat es niemand nicht.
Sie hören alle drei ihrer Herzlein Gepoch

Alle drei Spatzen leicht bewegen (wie im Traum)

Und wenn sie nicht fort sind,
So sitzen sie noch!

Christian Morgenstern

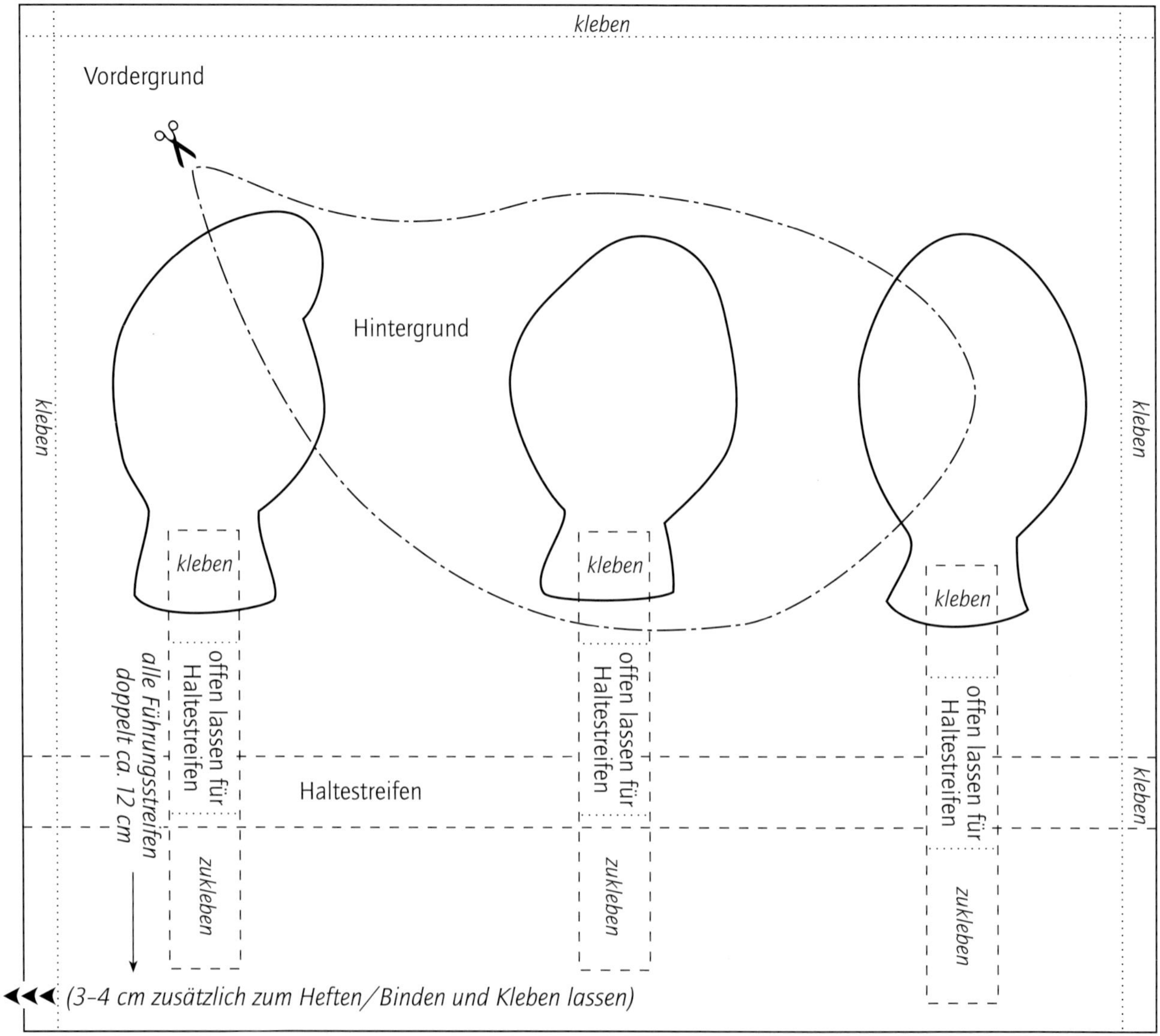

kleben
Vordergrund
Hintergrund
kleben
kleben
kleben
kleben
kleben
kleben
offen lassen für Haltestreifen
offen lassen für Haltestreifen
offen lassen für Haltestreifen
alle Führungsstreifen doppelt ca. 12 cm
Haltestreifen
kleben
zukleben
zukleben
zukleben
(3–4 cm zusätzlich zum Heften/Binden und Kleben lassen)

Im Weihnachtswald

Text vorlesen

Die Sterne strahlen auf der Welt
Herab vom hohen Himmelszelt
Und unten auf der Erde blitzen
An den geschmückten Tannenspitzen
Die Weihnachtskerzen leuchtend helle
Und alle Tiere sind zur Stelle.

Hase taucht hinter dem Vordergrund auf

Der Hase hüpfet durch den Schnee

Reh so führen, dass die Beine vor dem Vordergrund sind, und es sich auf den Baum zu bewegt

Und leis' herbei eilt auch das Reh.
Die Vögel zwitschern im Geäst
Versammeln sich am Weihnachtsfest.

Sylvia Schwartz

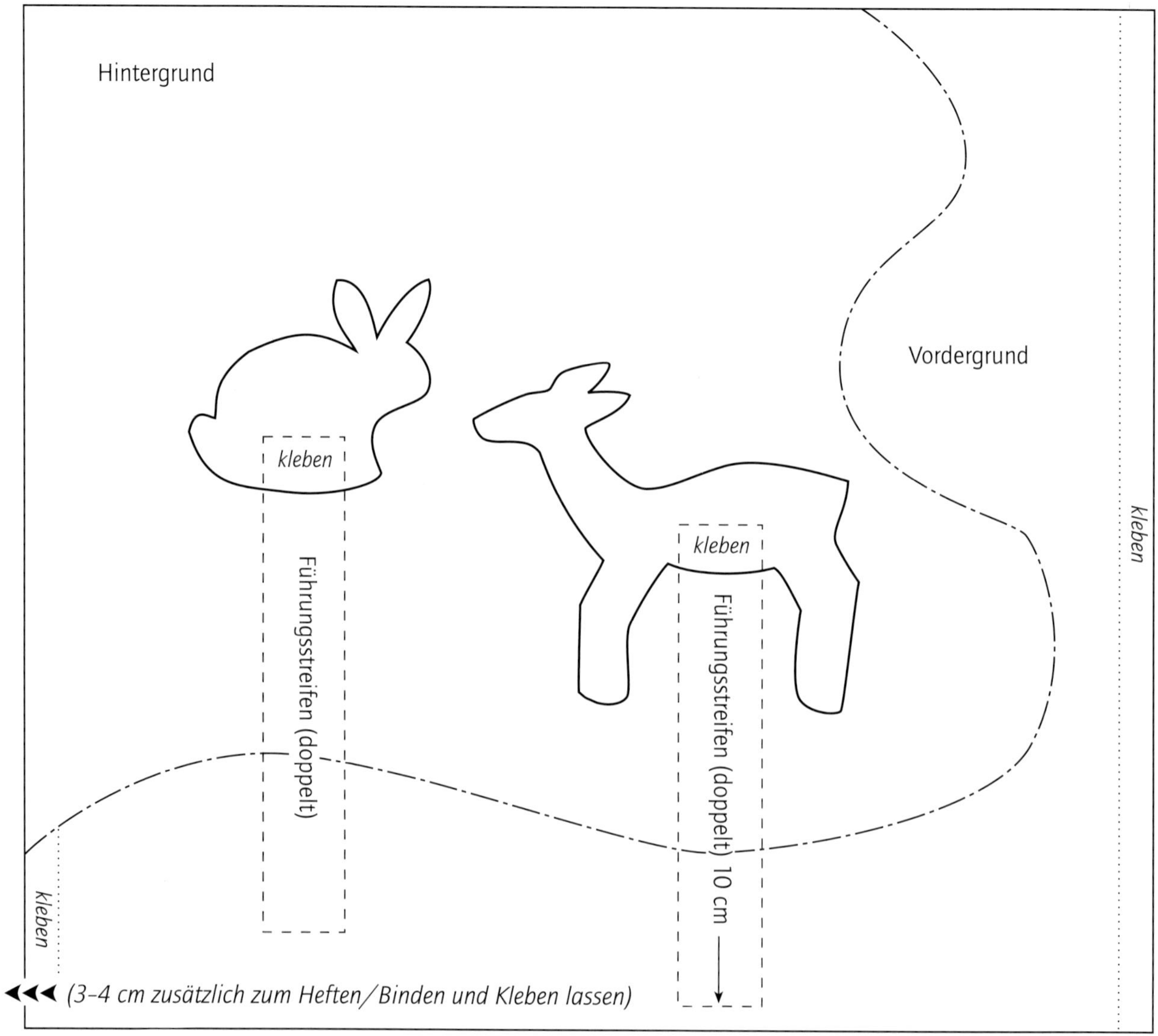
Hintergrund
Vordergrund
kleben
kleben
kleben
kleben
Führungsstreifen (doppelt)
Führungsstreifen (doppelt) 10 cm
(3–4 cm zusätzlich zum Heften/Binden und Kleben lassen)